D1717417

Fabian Lippold

Das globale Währungs- und Finanzsystem

Risikofaktor oder Stabilitätsanker
für die Weltwirtschaft?

Bachelor + Master
Publishing

Lippold, Fabian: Das globale Währungs- und Finanzsystem. Risikofaktor oder Stabilitätsanker für die Weltwirtschaft?, Hamburg, Diplomica Verlag GmbH 2012
Originaltitel der Abschlussarbeit: Risikofaktoren des globalen Finanz- und Währungssystems: Erkenntnisse aus zwei Jahrzehnten Instabilität

ISBN: 978-3-86341-498-6
Druck: Bachelor + Master Publishing, ein Imprint der Diplomica® Verlag GmbH, Hamburg, 2012
Zugl. Universität Erfurt, Erfurt, Deutschland, Bachelorarbeit, Juli 2012

Bibliografische Information der Deutschen Nationalbibliothek:
Die Deutsche Nationalbibliothek verzeichnet diese Publikation in der Deutschen Nationalbibliografie; detaillierte bibliografische Daten sind im Internet über http://dnb.d-nb.de abrufbar.

Die digitale Ausgabe (eBook-Ausgabe) dieses Titels trägt die ISBN 978-3-86341-998-1 und kann über den Handel oder den Verlag bezogen werden.

Inhaltsverzeichnis

Abkürzungsverzeichnis

EZB   Europäische Zentralbank

FDI   Foreign Direct Investments

FED   Federal Reserve System

FMI   Financial Market Integration

GWFS   globale(s) Währungs- und Finanzsystem

IWF   Internationaler Währungsfonds

USD   US-Dollar(s)

VN   Vereinte Nationen

Vorwort

Die globale Finanz- und Wirtschaftskrise der letzten Jahre, reiht sich in eine Abfolge von Krisen ein, deren Ursprünge möglicherweise in der Architektur des globalen Währungs- und Finanzsystem (GWFS) zu suchen sind. Die allgemeinen Diskussionen beherrschen zumeist Thesen über die alleinige Verantwortung des internationalen Banken- und Finanzsektors sowie der Regulierungs- und Zentralbankpolitik großer Volkswirtschaften bei der Entstehung der Krise. Dabei wird oftmals außer Acht gelassen, dass die Beschaffenheit des GWFS möglicherweise erst selbst den Grundstein für die Exzesse des Finanzsektors und die fehlerhafte Zentralbankpolitik gelegt hat.

Eine nach der Finanzkrise gebildete Expertenkommission der Vereinten Nationen (VN) stellte im Jahre 2009 diesbezüglich fest, dass „ *[...] the present crisis demonstrates failure at many levels – of theory and philosophy, of institutions, policies and practices, and, less overtly, of ethics and accountability. [...] our multiple crises are not the result of a failure or failures of the system. Rather, the system itself – its organization and principles, and its distorted and flawed institutional mechanisms – is the cause of many these failures.*"[1]

Somit kann man die These aufstellen, dass die Beschaffenheit des GWFS speziell seit Anfang der 1990er Jahre massiv zum Aufbau von Krisen beigetragen hat.

Diese Arbeit soll auf Grundlage dieser These einen Beitrag dazu leisten, die Strukturen und Entwicklungen innerhalb des GWFS als einen maßgeblichen Krisenfaktor für das globale Wirtschaftssystem zu verstehen und wahrzunehmen. Dabei steht vor allem die Synthese verschiedener theoretischer Überlegungen bezüglich der Architektur des GWFS im Vordergrund, aus denen verschiedene Risikofaktoren zusammengetragen werden.

Die Basis für diese Untersuchung bildet das erste Kapitel der vorliegenden Arbeit. Hier wird zunächst die Entstehung des Bretton-Woods-System, dem Vorgänger des heutigen globalen Währungssystems, nach dem Zweiten Weltkrieg dargestellt. Aus der Analyse wesentlicher Konstruktionsschwächen des Bretton-Woods-Systems können sodann die Gründe für dessen Niedergang aufgearbeitet werden, um anschließend den Übergang zum sog. „non-systems"[2] auf internationaler Ebene erklären zu können. Dieses „non-systems" aus zumeist flexiblen Wechselkursen brachte grundlegende Veränderungen für das GWFS mit sich. Dabei gab und

---

[1] Commission of Experts of the President of the United Nations General Assembly (2009): Report of the Commission of Experts on Reforms of the International Monetary and Financial System. Hg. v. United Nations. Online verfügbar unter http://www.un.org/ga/econcrisissummit/docs/FinalReport_CoE.pdf, zuletzt aktualisiert am 19.09.2009, zuletzt geprüft am 22.07.2012 , S.8

[2] Mateos y Lago, Isabelle; Duttagupta, Rupa; Goyal, Rishi (2009): The Debate on the International Monetary System (IMF Staff Position Note, 09/26). Online verfügbar unter: http://www.imf.org/external/pubs/ft/spn/2009/spn0926.pdf, zuletzt geprüft am 22.07.2012, S.5

gibt es zwei Entwicklungsprozesse, die die Existenz dieses Systems in besonderem Maße geprägt, dadurch aber auch die Zahl möglicher Risiken innerhalb des Systems deutlich erhöht haben. Diese Prozesse sollen aus diesem Grund in ihrer Entwicklung und Wirkung genau untersucht werden.

Aufbauend auf dem ersten Kapitel überprüft das zweite Kapitel vier konkrete Annahmen über die positive Wirkung des Systems flexibler Wechselkurse auf das Wachstum und die Stabilität der Weltwirtschaft. Aus dieser Überprüfung können sodann Faktoren abgeleitet werden, die diese positive Wirkung des Systems verhindern und massiv zum Aufbau von Ungleichgewichten beitragen. Diese Ungleichgewichte sind maßgeblich an der Entstehung von Währungs- und Bankenkrisen der letzten zwanzig Jahre beteiligt.

Aus diesem Grunde wird im dritten Kapitel die genaue Wirkung solcher Risikofaktoren, insbesondere die der Ungleichgewichte im GWFS anhand zweier aufeinander aufbauender Krisen untersucht. Dabei stellt sich die Frage, inwiefern die Asienkrise 1997/98 den Grundstein für die US-Finanzkrise seit dem Jahre 2007 gelegt hat und welche Risikofaktoren des GWFS zu dieser Entwicklung geführt haben, bzw. durch die Asienkrise erst neu entstanden sind. Dabei wird deutlich, dass sich die Ungleichgewichte und damit Instabilität des GWFS in den letzten zwei Jahrzehnten signifikant erhöht hat.

Der Ausblick am Ende dieser Arbeit versucht abschließend kurz verschiedene Möglichkeiten aufzuzeigen, wie das GWFS dauerhaft stabilisiert werden könnte. Wichtig dabei ist es, sich bewusst zu werden, dass zusätzliche wirtschaftliche Wohlfahrt, basierend auf der Etablierung eines internationalen Systems, immer auch durch eine allgemein anerkannte Rahmenordnung geregelt werden sollte. Je weitreichender und verbindlicher diese Rahmenordnung gestaltet ist, desto stabiler wird ein internationales System in einer global-vernetzten Welt auch bestehen können. Dabei geht es vor allem darum, dass große Volkswirtschaften die aus ihrem großen Einfluss auf das GWFS erwachsende Verantwortung wahrnehmen und die internationale Kooperation stärken.

Alles in allem soll diese Arbeit mehr mit einer Wirkungs- bzw. Schadensanalyse für das GWFS befassen, um zu verstehen, wie Krisen in einem globalisierten Wirtschaftssystem untereinander verbunden sind. Dadurch soll die einseitig Perspektive in Bezug auf die Analyse von Krisen, die oftmals die Schuld allein bei den Finanzmärkten und dessen Akteuren sucht, durch einen weiteren wesentlichen Aspekt, nämlich dem der generellen Instabilität des GWFS, ergänzt werden.

Erfurt, den 30.07.2012

1. Das globale Währungs- und Finanzsystem

Um das GWFS in seiner heutigen Form verstehen zu können, ist es notwendig, sich dessen Entwicklung nach dem Zweiten Weltkrieg bewusst zu werden. Wie wurde das Bretton-Woods-System konzipiert und welche Probleme ergaben sich aus der damaligen Finanzarchitektur? Welche Prozesse führten zum Ende des Systems fester Wechselkurse und wie versuchte man das GWFS nach Bretton-Woods umzugestalten?

Fest steht, dass der Übergang zu einem System flexibler Wechselkurse nach dem Ende des Bretton-Woods-System eine der größten global-ökonomischen Veränderungen der Nachkriegszeit darstellte, dessen Implikationen für die Stabilität des GWFS keineswegs allesamt positiv waren und noch heute sind. Insbesondere der Aufstieg des US-Dollar (USD) zum zentralen Element des GWFS, der Prozess der „financial globalization"[3], sowie die rapide Entwicklung nationaler Finanzmärkte, einschließlich deren Vernetzung auf globaler Ebene sollen in diesem Kapitel analysiert und hinterfragt werden.

1.1. Bretton Woods und der Aufstieg des Dollars

Im Jahre 1944 kurz vor Ende des Zweiten Weltkrieges kamen die 44 wichtigsten Wirtschaftsnationen auf der „International Monetary and Financial Conference of the United and Associated Nations" von Bretton-Woods zusammen, um über die Zukunft des globalen Finanzsystems zu entscheiden. Die Nationen waren sich untereinander im Wesentlichen einig, dass das etablierte System nach dem Ersten Weltkrieg, welches die Entstehung der Great Depression maßgeblich begünstigt hatte, durch eine liberale und multilaterale Ordnung abgelöst werden sollte, die in der Lage war, Stabilität und Wachstum des Weltwirtschaftssystems dauerhaft zu gewährleisten.[4]

Maßgeblich geprägt wurde die Konferenz dabei von der Delegation der USA, die als einzige Nation wirtschaftlich und politisch gestärkt aus dem Zweiten Weltkrieg hervorgegangen war und der Delegation Großbritanniens. Grundsätzlich standen sich somit zwei Vorschläge zur Neugestaltung des GWFS gegenüber. Zum einen der Vorschlag der US-Delegation unter dem Vorsitz von Harry Dexter White, der für die Einführung eines Systems fester Wechselkurse mit dem USD als dominierende Währung plädierte und zum anderen der Vorschlag der britischen Delegation, unter Vorsitz von John Maynard Keynes, sicherlich einer der bedeu-

---

[3] Visser, Hans (Hg.) (2011): Financial globalization and economic performance. Elgar
[4] Krugman, Paul R.; Obstfeld, Maurice; Melitz, Marc J. (2012): International economics. Theory & policy. 9.Aufl. Pearson Education (The Pearson series in economics), S. 548f

tendsten Ökonomen des 20. Jahrhunderts, der die Gründung einer Internationalen Clearing Union mit einer Weltleit- und Reservewährung namens „Bancor" vorsah.

Letztendlich setzte sich der amerikanische Vorschlag von White vor allem aufgrund der dominanten Stellung der USA auf internationaler Ebene durch. Die internationale Gemeinschaft etablierte ein System, welches als „adjustable peg" [5] bezeichnet wurde. Innerhalb dieses Systems, wurden dabei alle Währungen in einem festen aber nicht auf alle Zeit unveränderlichen Verhältnis an den USD gekoppelt. Der USD wiederum war als Ankerwährung des neuen Systems zu einem garantierten Verhältnis von 35$ je Unze in Gold konvertierbar. Insofern kann das Bretton-Woods-System als Nachfolger des Goldstandards angesehen werden, welches darüber hinaus einen neuen und flexibleren Gold-Dollar-Standard[6] auf internationaler Ebene etablierte, der sowohl einzelstaatliche Autonomie als auch Stabilität im GWFS gewährleisten sollte.[7] Diese Stabilität basiert auf zwei wesentlichen Regeln.

Auf der einen Seite erlaubte das System lediglich eine sehr moderate Geldpolitik mit einer geringen Inflationsrate auf Seiten der USA, da diese zu jeder Zeit vorbereitet sein mussten, jede im Umlauf befindliche Dollarnote gegen Gold einzutauschen, auf der anderen Seite mussten die anderen Staaten ihren zuvor festgelegten Wechselkurs zum USD mittels Devisenmarktinterventionen der Zentralbank aufrecht erhalten. Eine Wechselkursanpassung zum USD war durch vorherige Zustimmung des Internationalen Währungsfonds (IWF), einer im Zuge des „Bretton Woods Agreements" neu gegründeten Organisation, die die Stabilität des neuen Finanz- und Währungssystems gewährleisten sollte, möglich.[8] Die Stellung des USD innerhalb des Bretton-Woods-System wurde zusätzlich dadurch unterstützt, dass der Großteil internationaler Transaktionen und Währungsreserven dollar-dominiert war, sodass der USD letzten Endes den Status einer Weltreservewährung einnehmen konnte.

Eine wesentliche Schwachstelle des Bretton-Woods-System beschrieb der Ökonom Robert Triffin im Jahre 1959 in seinem Buch „Gold and the Dollar Crisis".[9] Demnach entsteht für die USA zwangsläufig ein Dilemma, welches in letzter Konsequenz zum Zusammenbruch des internationalen Währungssystems führen muss. Weil der USD sowohl als nationale Währung als auch internationale Reservewährung genutzt wird, sind die USA gezwungen, sowohl die Weltwirtschaft mit Reserve- bzw. Transaktionsliquidität zu versorgen, als auch das Vertrauen in die Konvertierbarkeit des USD zu Gold aufrechtzuerhalten. Würde sich die USA dagegen

---

[5] Gilpin, Robert (2001): Global political economy. Understanding the international economic order. Princeton Univ. Press (Princeton paperbacks), S. 253

[6] Ravenhill, John (Hg.) (2011): Global political economy. 3. Aufl. Oxford Univ. Press, S.221

[7] Gilpin 2001, S. 236

[8] Daniels, Joseph P.; VanHoose, David D. (2002): International monetary and financial economics. 2. Aufl. South-Western/Thompson Learning, S.76f

[9] Triffin, Robert (1960): Gold and the Dollar Crisis. The future of Convertibility. Yale University Press

für eine strenge Geldpolitik entscheiden und so dem Weltwirtschaftssystem die Möglichkeit verwehren mehr dollar-dominierte Transaktionen durchzuführen bzw. Reserven anzulegen, hätte dies massive Auswirkungen auf globale Handelsströme und das Wirtschaftswachstum.

Wenn die USA auf der anderen Seite dem GWFS unbegrenzt Dollarreserven zur Verfügung stellen würden, so kämen nach kurzer Zeit Zweifel darüber auf, ob die Goldreserven der USA überhaupt noch die großen Mengen an USD im internationalen Währungssystem abdecken könnten.[10] Im August 1971, ließ bspw. die französische Regierung verlauten, sie wolle Reserven im Umfang von 191 Millionen USD in Gold umtauschen. Da die USA dieser Forderung nicht nachkommen konnten bzw. wollten, bedeutete dies faktisch das Ende der Bretton-Woods-Systems.

Letztendlich kam es so, wie Triffin es prophezeit hatte, am 15. August 1971 verkündete der US-Präsident Richard Nixon die vorübergehende Aussetzung der Konvertibilität des USD in Gold und leitete damit den Niedergang des Bretton-Woods-Systems ein. Der Hauptgrund dieser Entwicklung war gemäß der Theorie von Triffin eine Abnahme des Vertrauens in den Wert des USD. Massive Geldmengenerhöhungen[11] aufgrund intensiver Entwicklungshilfen für das vom Zweiten Weltkrieg gebeutelte Europa im Zuge des Marshall-Planes[12] und die teuren US-Kriege in Korea und Vietnam lösten inflationäre Tendenzen innerhalb der USA aus, die eine Wertanpassung des USD gegenüber Gold notwendig erscheinen ließen. Die USA wollten dieser Wertanpassung jedoch zunächst nicht zustimmen. Auf der anderen Seite sahen sich die USA im internationalen Wettbewerb benachteiligt, da sie ihren Wechselkurs nur schwer gegenüber dem Wechselkurs ihren Hauptwettbewerbern anpassen konnten, was sich wiederum negativ auf deren Exportindustrie auswirkte.[13] Gleichzeitig existierte für die restlichen Staaten des Währungssystems das Problem der „importierten Inflation" aus den USA.[14] Aufgrund dieser Faktoren und der unterschiedlichen wirtschaftspolitischen Ausrichtung der einzelnen Volkswirtschaften, kam es letztendlich zum Zusammenbruch des Bretton-Woods-Systems.

---

[10] Eichengreen, Barry J. (2011): Exorbitant privilege: the rise and fall of the dollar. Oxford Univ. Press, S.50f
[11] Vgl. Abbildung 1 Appendix: Entwicklung der Monetary Base in den USA
[12] 1948 hatte der Marshall-Plan ein Volumen von 10% des öffentlichen Budgets der USA.;
Vgl. dazu Eichengreen 2011, S. 48
[13] Capie, Forrest; Goodhart, Charles (1994): The future of central banking. The tercentenary symposium of the Bank of England. Cambridge Univ. Press, S.27
[14] Im System fester Wechselkurse spricht man von einer importierten Inflation, wenn ein Land A gezwungen ist, seine Geldmenge zu erhöhen, weil es seine Währung fest an die Währung des Landes B gebunden hat und dieses Land B seine Geldmenge inflationär erhöht. Wenn Land A also die Wechselkursbindung aufrechterhalten will, muss dieses theoretisch jede Geldmengenerhöhung des Landes B 1:1 nachvollziehen. ; Vgl. dazu Krugman et al. 2012, S.558f

Anstrengungen der damaligen G10-Länder[15] im Zuge des „Smithsonian Agreements" zur Etablierung eines neuen Währungssystem mit festen Wechselkursen scheiterten bereits nach 15 Monaten aufgrund der wachsenden Kapitalmobilität im internationalen System und der grundlegenden Unterschiede in der wirtschafts- und währungspolitischen Ausrichtung der USA und Europas.[16] Als Reaktion auf die gescheiterten Versuche nochmals ein System fester Wechselkurse einzuführen, ließen eine große Zahl von Ländern ab März 1973 endgültig ihre Währungen frei gegenüber dem USD floaten. Die meisten Experten waren sich einig, das sich ein System frei-floatender Wechselkurse und globaler Kapitalmobilität positiv auf die gesamte Weltwirtschaft auswirkt.

Die Vorteile des Systems frei-floatender Wechselkurse[17] wurden allgemein in den folgenden vier Hauptargumenten zusammengefasst:

1. Autonomie der Geldpolitik
2. Abbau des dominierenden Einflusses der USA auf das globale Währungssystem
3. Wechselkurse als automatische Stabilisatoren
4. Ausgleichende Wirkung der Wechselkurse auf die Leistungsbilanzen

Der Übergang zum System flexibler Wechselkurse markierte ein grundlegende Veränderung in der Struktur des globalen Finanzsystems und den Beginn eines neuen Abschnittes, der von einer deutlichen Zunahme internationaler Kapitalbewegungen, relativ stark schwankenden Wechselkurse und der unverändert dominanten Position des USD geprägt war.[18]

Letztendlich scheiterte das Bretton-Woods-System zum einen an Konstruktionsfehlern, welche im Zuge der zunehmenden Vernetzungen und Interdependenzen der Volkswirtschaften in einem globalen Wirtschaftssystem immer deutlicher zu Tage traten und zum anderen am Unwillen der USA das System durch tiefgreifende Reformen aufrechtzuerhalten.

1.2. Entwicklungen nach der Bretton-Woods Ära

Als man sich nach dem Ende des Bretton-Woods-Systems für eine weitreichende Liberalisierung des GWFS entschied, legt man den Grundstein für drei wesentliche Entwicklungen, die das Weltwirtschaftssystem maßgeblich geprägt haben und nun deswegen in den folgenden Abschnitten näher analysiert werden sollen.

---

[15] Belgien, Kanada, Frankreich, Deutschland, Italien, Japan, Niederlande, Schweden, Großbritannien, USA
[16] Daniels und VanHoose 2002, S. 82
[17] Krugman et al. 2012, S. 559f
[18] Das sog. „Trilemma" internationaler Währungssysteme besagt, dass es unmöglich ist, die Faktoren nationale geldpolitischen Autonomie, Gewährleistung internationaler Kapitalmobilität und feste (stabile) Wechselkurse gleichzeitig aufrechtzuerhalten; Vgl. dazu Gilpin 2001, S. 248f

1.2.1. Das „non-system" und die globale Währungspolitik

Als sich die wichtigsten Wirtschaftsmächte nach dem Zusammenbruch des Bretton-Woods-Systems nicht auf eine umfassende Reform des globalen Währungssystem einigen konnten, ging man zu einer Praxis über, in der Staaten allein entscheiden konnten, ihre Währungen entweder frei floaten zu lassen oder sie ggf. zu managen bzw. fest an andere Währungen zu binden. Den einzelnen Nationen wurden somit keinerlei Regeln für deren Verhalten im GWFS auferlegt. Somit schuf man ein internationales Konstrukt, welches als „non-system" bezeichnet werde kann, weil es auf keinerlei strukturellen oder institutionellen Regeln einer unabhängigen global agierenden Instanz wie beispielsweise dem IWF beruhte.[19] Innerhalb des Bretton-Woods-Systems hatte der IWF noch eine grundlegende Überwachungs- und Kontrollfunktion inne, die er nach dem Ende des Bretton-Woods-Agreements weitestgehend aufgeben musste. Der IWF wurde zu einer Art globaler Krisenmanager, der den Staaten nur im Krisenfall Vorschriften erteilen kann, wenn diese bspw. an Hilfsmaßnahmen gekoppelt sind.

Die Deregulierung des internationalen Währungssystems hin zu einem „non-system" brachte zahlreiche Vorteile für die Weltwirtschaft[20] mit sich, stellte die einzelnen Akteure aber auch gleichzeitig vor neue Herausforderungen. So führte bspw. die Liberalisierung des globalen Währungssystems seit dem Jahre 1973, entgegen den Erwartungen der meisten Experten, meist nicht zu einer Erhöhung der geldpolitischen Autonomie einzelner Staaten.

Dies zeigte sich deutlich, als Anfang der 1980er Jahre eine durch den massiven Anstieg des Ölpreises verursachte Inflation viele ölimportierende Volkswirtschaften in Bedrängnis brachte. So sah sich beispielsweise die USA aufgrund zweistelliger Inflationsraten dazu gezwungen, seit dem Jahre 1979 eine kontraktionäre Geldpolitik zu verfolgen, mit heftigen Auswirkungen auf die Weltwirtschaft.[21] Diese Geldpolitik hatte des Weiteren einen massiven Anstieg der Zinsen zur Folge, der wiederum einen enormen Aufwertungsdruck auf den USD verursachte.[22] Als der USD im Jahre 1985 auf ein Rekordhoch[23] gestiegen war, kamen die Zentralbanker und Finanzminister der G5-Staaten[24] im New Yorker Plaza Hotel zusammen. Im sog. Plaza Agreement stellten die Zentralbanker fest, dass kollektive Devisenmarktinterventionen nötig seien, um den USD auf ein Niveau zu drücken, welches die damalige ökonomische Situation der Vereinigten Staaten real wiederspiegelte. Dieses Niveau wurde nach

---

[19] Die sog. „Jamaica Accords" im Januar 1976 begründeten die Umgestaltung des IWF und die Freiheit eines jeden Staates individuelle Wechselkurspolitik zu betreiben; Vgl. dazu Daniels und VanHoose 2002, S. 83

[20] Annahme: Entwicklung eines allgemein größeren Wachstumspotential für die Weltwirtschaft aufgrund größerer Autonomie der nationalen Wirtschaftspolitik; Vgl. dazu Krugman et al. 2012, S. 559–563

[21] Siehe Abschnitt 2.2.

[22] Daniels und VanHoose 2002, S. 83f

[23] Vgl. Abbildung 2 Appendix: Index des nominalen USD-Wechselkurs relativ zu sieben Hauptwährungen

[24] Frankreich, Deutschlands, Japan, USA, Großbritannien

Meinung der Experten letztendlich Anfang des Jahres 1987 nach einer massiven Abwertung des USD erreicht.[25]

Das Beispiel veranschaulicht, wie sich die Zentralbanker der wichtigsten Volkswirtschaften immer mehr zu Managern des globalen Währungssystems entwickelten, die davon überzeugt waren, dass sich internationale Kapitalströme und damit die Stabilität des GWFS mit Hilfe einer konzertierten Geldpolitik dauerhaft steuern lassen würden.[26] Die Situation Anfang der 1980 Jahre zeigte aber gleichzeitig auch, dass im System flexibler Wechselkurse Übertreibungen am Markt keine Seltenheit sind. Solche Übertreibungen aufgrund volatiler Kapitalströme, stellten vor allem für die Emerging Markets einen enormen Risikofaktor dar.

Nach dem Ende des Systems fester Wechselkurse und der deutlichen Zunahme des internationalen Kapitalverkehrs, wollten auch die Emerging Markets von den Vorteilen eines globalen Finanzmarktes profitieren. Aus diesem Grund mussten Kapitalverkehrskontrollen weitestgehend abgebaut werden, um sich dem globalen Markt öffnen zu können.[27] Sozusagen als Schutz fixierten viele Volkswirtschaften der Emerging Markets ihren Wechselkurs an den eines anderen Landes, in der Hoffnung, ein stabiler Wechselkurs könne die Volatilität internationaler Kapitalströme begrenzen und die Inflation kontrollierbar machen.[28] Die Kombination aus Öffnung der Finanzmärkte und Kontrolle der Währung sollte jedoch später zu Ungleichgewichten führen, die die Stabilität dieser Volkswirtschaften, als auch des gesamten GWFS massiv in Gefahr brachten.

Der Übergang zum System flexibler Wechselkurse stellte auch internationale Investoren vor neue Herausforderungen, wenngleich die Vorteile aus der Liberalisierung des globalen Finanzsystems für diese Gruppe deutlich überwogen. Nichtsdestotrotz mussten Investoren das nun bestehende Wechselkursrisiko mittels zusätzlicher Finanzkontrakte absichern oder ihr Portfolio international so diversifizieren, dass sie im Stande waren, das Risiko von Wechselkursänderung zu minimieren.[29] Dies sollte vor allem durch eine stärkere Vernetzung und immer intensivere Entwicklung der nationalen Finanzmärkte ermöglicht werden. Diese

---

[25] Daniels und VanHoose 2002, S. 84f

[26] Etablierung des sog. "reference range" – Systems basierend auf dem Bestreben der amerikanischen FED, der Deutschen Bundesbank bzw. später Europäischen Zentralbank (EZB) und Bank of Japan, sowie den jeweiligen Finanzministern, das GWFS durch gemeinsame Aktionen zu stabilisieren; Vgl. dazu Gilpin 2001, S. 251

[27] Fried, Jonathan T.; Haley, James A. (2010): Crisis Prevention. Lessons from Emerging Markets for Advanced Economies. S.73 In: Mario Giovanoli und Diego Devos (Hg.): International monetary and financial law. The global crisis. Oxford Univ. Press, S. 69–95

[28] Obstfeld, Maurice; Taylor, Alan M. (2004): Global capital markets. Integration, crisis, and growth. Cambridge University Press, S.39

[29] Levy, Haim; Sarnat, Marshall (1983): International Portfolio Diversification., S.115 In: Richard J. Herring (Hg.): Managing foreign exchange risks. Essays commissioned in honour of the centenary of the Wharton School: Cambridge University Press, S. 115–142

Entwicklungen, die zusätzliche Risiken für die globale Finanzstabilität in sich bargen, sollen in den beiden nachfolgenden Abschnitten näher beleuchtet werden.

1.2.2. Financial Globalization

Die Liberalisierung des Währungssystems war eng mit dem Prozess der sog. „ Financial Globalization" verbunden. Diese begann bereits in den frühen 1970er Jahren mit der allmählichen Intensivierung internationaler Kapitalströme und der daraus resultierenden Vernetzung nationaler Finanzmärkte. Die Zunahme der internationalen Transaktionen[30] lässt sich vor allem auf den weitreichenden Abbau internationalen Kapitalverkehrskontrollen und die gesteigerte Innovationskraft der Finanzsysteme, sowie die Nutzung moderner Kommunikationsmittel zurückführen.[31]

Robert Gilpin beschrieb den Prozess der Financial Globalization in seinem Buch "Global political economy" wie folgt, „ *The most important change is the greatly increased mobility of capital movements around the world that has been encouraged by deregulation of capital markets, technological developments, and new financial instruments, all of which have also greatly limited governmental ability to contain market pressures.* "[32]

Abbildung 3 zeigt die enorme Entwicklung globaler Finanztransaktionen in drei einflussreichen Volkswirtschaften und macht deutlich, dass das globale Finanzsystem in den 1990er Ausmaße erreicht hat, bei denen Fehlallokation bzw. spekulative Tendenzen innerhalb der Kapitalflüsse zu massiven realwirtschaftlichen Verwerfungen hätten führen können.

Die aus den internationalen Kapitalströmen erwachsende Vernetzung hin zu einem globalen Finanzsystem erzeugte Abhängigkeiten und Interdependenzen innerhalb der Finanzmärkte, die unter dem Begriff „Financial Market Integration" (FMI)[33] zusammengefasst werden. Von FMI spricht man, wenn die Wirtschaftspolitik eines Landes, insbesondere deren Handels-, Geld- und Devisenmarktpolitik einen signifikanten Einfluss auf die ökonomische Wohlfahrt anderer Länder hat.[34] Die Entwicklungen im Zuge der Financial Globalization bzw. FMI

---

[30] Das Verhältnis von internationalen Kapitalverkehrsvolumen zum internationalen Handelsvolumen lag Ende der 1970er Jahre bei 25:1 ; Vgl. dazu Gilpin 2001, S. 240

[31] Whelan, Karl (2010): Global Imbalances and the Financial Crisis. Hg. v. European Parliament (Economic and Monetary Affairs), zuletzt geprüft am 27.04.2012, S.7

[32] Gilpin 2001, S. 254

[33] Ebd., S. 240

[34] Beispiel: Hebt beispielsweise die Zentralbank eines Landes A die Leitzinsen um inflationäre Tendenzen im Land einzudämmen, so führen die höheren Zinsen in einem global integrierten Finanzmarkt zu ausländischen Kapitalzuflüssen in das Land A, weil globale Kapitalströme stets nach dem höchsten Ertrag suchen. Ein Land B müsste nun auf die veränderten Bedingungen entweder ebenfalls mit geldpolitischen Maßnahmen reagieren oder versuchen den Kapitalabfluss anderweitig auszugleichen. In der Realität sind die Vernetzungen innerhalb des globalen Finanzmarktes natürlich wesentlich komplizierter als in diesem vereinfachten Modellbeispiel, spezielle Faktoren wie Erwartungsbildung und das Vertrauen der Individuen in die Entwicklungen der

hatten also zur Folge, dass Volkswirtschaften noch stärker als im Bretton-Woods-System miteinander verknüpft wurden. Diese Vernetzung und Integration nationaler Finanzmärkte zu einem globalen Finanzsystem, brachte gemäß der Theorie offener Märkte große Vorteile, wie z.B. ein gesteigertes internationales Wachstumspotential[35], eine Steigerung des intertemporalen Handel[36] und verbesserte Möglichkeiten der internationalen Risikodiversifikation mit sich.[37] Unglücklicherweise haben diese internationalen Interdependenzen nach Meinung zahlreicher Experten, aber auch die Anfälligkeit des globalen Wirtschaftssystems bei ökonomischen Schocks und die Ansteckungsgefahr über Ländergrenzen hinweg deutlich erhöht.[38]

Ein weiterer wesentlicher Risikofaktor für die globale Finanzstabilität in Verbindung mit dem Prozess der Financial Globalization sind dabei die zum Teil erheblichen Entwicklungsgefälle zwischen den Finanzmärkten der entwickelten Volkswirtschaften und denen der Developing bzw. Emerging Markets. Demnach sind Spekulationen und volatile Kapitalströme oftmals auf unterentwickelte Finanzmärkte und ineffiziente regulatorische Rahmenbedingungen zurückzuführen.[39]

Aus diesem Grund soll der Prozess des Financial Development im folgenden Abschnitt erklärt und hinsichtlich seiner Implikationen für die globale Finanzstabilität überprüft werden.

1.2.3. Financial Development

Die rapide Entwicklung nationaler Finanzmärkte und deren internationale Ausrichtung, maßgeblich ausgelöst durch die Liberalisierung des GWFS nach Bretton-Woods, ist ein weiteres wesentliches Element der Stabilität des GWFS. Dabei ist wichtig zu erkennen, dass die FMI als ein globales Phänomen bezeichnet werden kann, es hingegen bei der Entwicklung der einzelnen Finanzmärkte erhebliche nationale Unterschiede gibt.[40] Analysiert man interna-

---

Volkswirtschaft sowie der Entwicklungsgrad nationaler Finanzmärkte spielen ebenfalls eine wichtige Rolle bei der Allokation von Kapitalströmen.

[35] Zahlreiche Cross-Country und Panel Regressionen belegen, dass ein hohes Maß an Integration nationaler Finanzmärkte in einem globalen Finanzmarkt vor allem in Hinblick auf ausländische FDI zu einem gesteigerten Wirtschaftswachstum führt; Vgl. dazu Dell´Ariccia, Giovanni; u. a. (2010): Reaping the Benefits of Financial Globalization. In: Christopher Crowe und u.a. (Hg.): Macrofinancial linkages. Trends, crises, and policies. International Monetary Fund, S. 229–272

[36] Verbesserter intertemporaler Handel ermöglicht es Volkswirtschaften den Konsum seiner Wirtschaftssubjekte zu glätten (consumption-smoothing), indem sie in Zeiten mit geringem Konsum auf dem internationalen Kapitalmarkt Kredite aufnehmen und mit Hilfe des zusätzlichen Geldes inländischen Konsum beispielsweise durch Steuersenkungen oder Sozialleistungen fördern. Somit ist es möglich die dynamische Konsumfunktion, die vom Einkommen des Wirtschaftssubjektes abhängt, zu stabilisieren.; Vgl. dazu Obstfeld und Taylor 2004, S. 8–9

[37] Je mehr eine Volkswirtschaft in den internationalen Finanzmarkt integriert ist, desto größeres Risikodiversifikationspotential steht ihr zur Verfügung. ; Vgl. dazu Dell´Ariccia und u. a. 2010, S. 245–247

[38] Commission of Experts of the President of the United Nations General Assembly 2009, S. 25

[39] Dell´Ariccia; u. a. 2010, S. 248–252

[40] Mendoza et al. 2007, S. 1

tionale Kapitalströmen und deren Einfluss auf die globale Finanzstabilität so fällt auf, dass deren Zusammensetzung, Richtung und Volatilität maßgeblich vom jeweiligen Entwicklungsgrad der nationalen Finanzmärkte bestimmt wird. Da Investitionsmittel in einem globalisierten Markt dorthin fließen, wo sie am produktivsten eingesetzt werden können, bestimmen die unterschiedlichen Entwicklungsmerkmale eines Finanzmarktes über den Zufluss von Kapital.[41] Aus diesem Grund ist es unerlässlich den Prozess des Financial Development auf nationaler und internationaler Ebene zu verstehen, um daraus Implikationen für die Stabilität des GWFS ableiten zu können.

Das World Economic Forum definiert Financial Development allgemein *„[...] as the factors, policies, and institutions that lead to effective financial intermediation and markets, as well as deep and broad access to capital and financial services."*[42] Der Entwicklungsgrad eines Finanzmarktes kann grundsätzlich an seine Breite und Tiefe bestimmt werden. Die Breite des Finanzmarktes ergibt sich dabei aus der Größe des Angebotes verschiedener Finanzprodukte innerhalb eines nationalen Finanzsektors.[43] Die Tiefe oder auch Liquidität des Finanzmarktes stellt hingegen die Fähigkeit des Finanzsektors dar, relativ große Marktorder ohne einen signifikanten Effekt auf den Preis umzusetzen, d.h. eine Markt mit großer Tiefe beinhaltet viele handelbare Vermögenswerte, ist also sehr liquide.[44] Abbildung 4 zeigt diesbezüglich das Volumen aller US-Vermögenwerte in Relation zum BIP der Vereinigten Staaten und somit die enorme Tiefe, die der US-Finanzsektor besitzt. Tiefe als auch Breite der Finanzmärkte haben dabei großen Einfluss auf die Volatilität, sowie das Risikoabsicherungs- und Diversifikationspotential[45] eines solchen Marktes.

Der internationale Handel von Finanzkontrakten wird von zwei Hauptmotiven maßgeblich geprägt. Die Anlageentscheidung internationaler Investoren wird zum einen von der Frage beeinflusst, inwieweit ein Finanzmarkt in der Lage ist, die Nachfrage nach sicheren Anlageprodukten zu befriedigen bzw. Möglichkeiten zur Diversifikation bereit zu stellen, um so das

---

[41] Gem. der Theorie von Feldstein-Horioka fließen nationale Ersparnisse in einer Welt mit perfekter Kapitalmobilität dorthin, wo sie den höchsten Ertrag erzielen können, unabhängig von der inländischen Nachfrage nach Investitionsmittel; Vgl. dazu Obstfeld und Taylor 2004, S. 62

[42] World Economic Forum (Hg.) (2011): The Financial The Financial Development Report 2011. Online verfügbar unter: http://www3.weforum.org/docs/WEF_FinancialDevelopmentReport_2011.pdf , zuletzt geprüft am 22.07.2012, S.15

[43] Walter, Norbert (2009): Vom Segen der Finanzmärkte. Online verfügbar unter: http://www.kas.de/wf/doc/kas_15560-544-1-30.pdf?090227113323 , zuletzt aktualisiert am 27.01.2009, zuletzt geprüft am 22.07.2012, S.2

[44] Gem. der Definition von Kyle errechnet sich die Tiefe eines Marktes aus dem Verhältnis des Volumens aller Marktorder zur jeweiligen Marktpreissensivität; Vgl. dazu Marquardt, Dirk Steffen (1998): Financial markets performance. Theory and empirical evidence. Bern [etc.]: Bern, S.62

[45] Gem. der Portfolio-Theorie von Markowitz minimiert ein diversifiziertes Portfolio mit geringer Korrelation das bestehende Risiko. ; Vgl. dazu Markowitz, Harry (1952): Portfolio Selection. In: *THE JOURNAL OF FINANCE* Vol. 7 (1), S. 77–91. Online verfügbar unter: http://www.jstor.org/stable/pdfplus/2975974.pdf?acceptTC=true , zuletzt geprüft am 22.07.2012

Risiko für Investoren beherrschbar zu machen. Aus der Fähigkeit des Finanzsektors sichere Anlageprodukte zu produzieren bzw. diese Finanzkontrakte ausreichende zu besichern, ergibt sich somit neben Breite und Tiefe ein weiteres Maß für den Entwicklungsstand von Finanzmärkten.[46]

Bezüglich des zweiten Hauptmotives internationaler Investoren, der Ertragsmaximierung, prüfen diese anhand ihrer institutionellen Vorgaben, sowie ihrer Risikopräferenz, ob ein Finanzmarkt mit einem bestimmten Entwicklungsgrad in der Lage ist, einen höheren Ertrag gegenüber anderen Finanzstandorten zu erwirtschaften. Dabei werden Gelder auf der Suche nach Anlagen mit geringem Risiko oftmals in besonders hoch entwickelten Finanzmärkten angelegt, hingegen fließt spekulatives Kapital oftmals in weniger entwickelte Finanzmärkte, weil dort mit höheren Erträgen aufgrund größerer Risikoaufschläge zu rechnen ist.[47]

Ein ebenfalls ausschlaggebender Punkt für die Anlageentscheidung internationaler Investoren ist das Ausmaß der Regulierung nationaler Finanzmärkte. In der Theorie gilt je höher der Entwicklungsgrad eines Finanzmarktes, desto effektiver ist die nationale Regulierung und Finanzaufsicht. Eine effektive Regulierung innerhalb eines stark entwickelten Finanzmarktes sollte also in höherem Maße als in unterentwickelten Finanzmärkten dazu beitragen, dass der Aufbau spekulativer Blasen und die daraus resultierenden „Boom and Bust Cycles" verhindert werden.

Die Entwicklung der beschriebenen Merkmale hin zu einem gleichgewichtigen globalen Finanzmarkt benötigt Zeit, Know-How und große institutionelle Kapazität, aber vor allem bräuchte es stärkere internationale Kooperation und unterstützende Strukturen. Mit dem Prozess der Financial Globalization entstand ein globaler Finanzmarkt, der nicht durch globale Regelungen und Aufsicht, sondern nur durch den Wettbewerb unter den nationalen Finanzmärkten um internationales Kapital bestimmt wurde und bestimmt wird. Somit verstärkte die Integration zu einem globalen Finanzmarkt den Wettbewerbsdruck unter den einzelnen Volkswirtschaften zunehmend. Der entstehende Wettbewerbsdruck aufgrund der stetig steigenden internationalen Kapitalmobilitätführt somit vielerorts zu einem „race to the bottom"[48] in Bezug auf Kapitalsteuern und Finanzmarktregulierung gezwungen. Diese

---

[46]; Vgl. dazu Mendoza, Enrique G.; Quadrini, Vincenzo; Rios-Rull, Jose-Victor (2007): Financial Integration, Financial Deepness and Global Imbalances. Hg. v. National Bureau of Economic Research (NBER Working Paper Series 12909). Online verfügbar unter: http://www.nber.org/papers/w12909 , zuletzt geprüft am 22.07.2012, S.2

[47] Die höheren Risikoaufschläge ergeben sich beispielsweise aufgrund der Unsicherheit bezüglich der Tragfähigkeit politischer Rahmenbedingungen, spezieller Wechselkursrisiken, Liquidität des Finanzmarktes und diverser anderer potentieller Risiken.; Vgl. dazu Fried und Haley 2010, S. 74–75

[48] Obstfeld und Taylor 2004, S. 12

systematische Deregulierung brachte, wie sich später noch zeigen wird große Stabilitätsrisiken für das GWFS mit sich.

In Abhängigkeit von den wirtschaftlichen Rahmenbedingungen und dem jeweiligen Entwicklungsgrad des Finanzmarktes eines Landes, fällt es somit Volkswirtschaften leichter bzw. schwerer internationales Kapital zu akkumulieren. Aus diesem Grund haben Staaten unterschiedliche Strategien entwickelt, um bspw. trotz bestehender Entwicklungsdefizite dennoch für internationales Kapital attraktiv zu sein. Wie sich in den folgenden Kapiteln zeigen wird, kann diese unterschiedliche Positionierung der Staaten im GWFS zu Ungleichgewichten führen, die die globale Finanzstabilität bedrohen.[49]

Der Entwicklungsgrad nationaler Finanzmärkte muss demnach als wichtige Determinante für die Stabilität des GWFS gesehen werden, da ungleiche Entwicklungsgeschwindigkeiten zu Fehlallokationen internationaler Kapitalströme und damit den besagten Ungleichgewichten führen können. Des Weiteren sind Volkswirtschaften deren Finanzmärkte relativ unterentwickelt sind und damit externe Schocks nicht so einfach ausgleichen können, wie dies in den entwickelten Volkswirtschaften der Fall ist, gezwungen, andere Maßnahmen zu ergreifen, um das Vertrauen internationaler Investoren in die Stabilität des inländischen Kapitalmarktes zu erhalten.

Es stellt sich nun am Ende dieses einführenden Kapitels die Frage, inwieweit die Liberalisierung des globalen Währungssystem nach der Bretton-Woods-Ära hin zu einem „non-system", die Entwicklungen im Zuge der Financial Globalization und der FMI sowie das Ungleichgewicht in der Entwicklung nationaler Finanzmärkte dazu beigetragen haben, das GWFS zu destabilisieren. Der enorme Anstieg internationaler Kapitalflüsse, die Deregulierung des Finanzsektors, Fehlallokationen von internationalem Kapital, aber auch Fehler in der Zentralbank-Politik einzelner Länder, scheinen ohne Zweifel seit dem Ende des Bretton-Woods-Systems zahlreiche Krisen ausgelöst oder zumindest deren Grundlage gelegt zu haben.

Diesbezüglich stellte die nach der Finanzkrise 2008 gebildete Expertenkommission der VN fest, dass die *„Reforms in the global financial system, particularly capital and financial market liberalization, have facilitated international contagion and thereby increased the risk of volatility originating from abroad."*[50] Reinhart und Rogoff weisen in ihrem Buch „This

---

[49] Beispiel: Länder deren Finanzmärkte relativ unterentwickelt sind, haben häufig mit volatilen Kapitalströmen zu kämpfen, diese Volatilität drückt sich bei flexiblen Wechselkursen durch massive Schwankungen innerhalb des Wechselkurses aus. Aus diesem Grund fixieren diese Länder ihren Wechselkurs, um durch das entfallende Wechselkursrisiko mehr internationale Investoren anlocken zu können. Die Asienkrise hat aber gezeigt, dass fixierte Wechselkurse in Verbindung mit unterentwickelten Finanzmärkten ebenfalls zu massiver Instabilität führen können.; Vgl. dazu Dell ́Ariccia und u. a. 2010, S. 249–252
[50] Commission of Experts of the President of the United Nations General Assembly 2009, S. 28

Time is different" ebenso darauf hin, dass *„Periods of high international capital mobility have repeatedly produced international banking crises, [...]."*[51]

Man muss sich daher fragen, ob das häufige Auftreten von Krisen der Preis für die grundlegende Liberalisierung des GWFS nach Ende des Bretton-Woods-Systems ist. Das folgende Kapitel wird sich aus diesem Grund mit den konkreten Schwachstellen des internationalen Währungs- und Finanzsystem auseinander setzen.

---

[51] Reinhart, Carmen M.; Rogoff, Kenneth S. (2011): This time is different. Eight centuries of financial folly. 13. print. Princeton Univ. Press, S.155

2. Schwachstellen des globalen Währungs- und Finanzsystems

Untersucht man die Entwicklung des GWFS nach dem Ende des Bretton-Woods-Systems, so wird deutlich, dass sich die Anzahl der Finanzkrisen, deren Auswirkungen globale Ausmaße angenommen haben, deutlich erhöht hat. Demnach müssen Faktoren im GWFS existieren, die das Entstehen überregionaler Finanzkrisen begünstigen.

Die Befürworter des Systems flexibler Wechselkurse sagten der Weltwirtschaft nach dem Ende des Bretton-Woods-Systems eine langanhaltende Phase wirtschaftlicher Prosperität, ausgelöst durch die Intensivierung der internationalen Handels- und Finanzbeziehungen, sowie eine allgemeine Stabilisierung des globalen Wirtschaftssystems durch die volkswirt-schaftlichen Ausgleichsmechanismen flexibler Wechselkurse, voraus.[52] Diese Annahmen wurden anhand der bereits im ersten Abschnitt benannten vier Hauptargumente bezüglich der Wirkungsweise des Systems flexibler Wechselkurse theoretisch begründet. Um mögliche Schwachstellen im GWFS zu identifizieren, müssen diese vier Annahmen nachfolgend auf ihre reale Anwendbarkeit hin überprüft werden.

2.1. Autonomie der Geldpolitik?

Das System flexibler Wechselkurse löste die feste Wechselkursbindung der Volkswirtschaf-ten auf und erhöhte damit, der Theorie nach, die geldpolitische Autonomie der Zentralbanken. Diese ermöglichte vor allem eine effektivere Inflationssteuerung seitens der Zentralbanken, sowie den weitreichenden Abbau von Kapitalverkehrskontrollen für ausländisches Kapital.[53]

Die Notwendigkeit konzertierter Zentralbankaktionen um das GWFS zu stabilisieren, zeigt jedoch z.B., dass der Übergang zum System flexibler Wechselkurse nicht zur vollkommenen Autonomie der nationalen Geldpolitik geführt hat. Zwar waren die Zentralbanken nicht mehr an die Aufrechterhaltung eines vorgegebenen Wechselkursverhältnisses gebunden, aber aufgrund der zunehmenden Globalisierung des Finanzsektors, eingeleitet durch die Öffnung nationaler Finanzmärkte im Zuge eines weitreichenden Abbaus von Kapitalverkehrskontrol-len, mussten die Zentralbanken ihre Politik zunehmend den Entwicklungen eines GWFS anpassen. Die Zentralbanken einzelner Länder konnten somit in den seltensten Fällen voll-kommen autonom, ausschließlich an inländischen Zielvorgaben ausgerichtet handeln, da

---

[52] Krugman et al. 2012, S. 559
[53] Ebd. , S. 560

globale Kapitalströme und das Verhalten internationaler Investoren volkswirtschaftliche Entwicklungen zunehmend beeinflussten.[54]

Es bleibt somit festzuhalten, dass flexible Wechselkurse die geldpolitische Autonomie der Zentralbanken zwar theoretisch erhöhen, dies in der Realität aber aufgrund der stetig steigenden Vernetzung der einzelnen Volkswirtschaften meist nicht der Fall war. Insofern wurde die Wechselkursbindung des Bretton-Woods-Systems durch den Einfluss internationaler Kapitalströme in einem integrierten GWFS als wesentliche Determinante der Zentralbankpolitik ersetzt. Weitreichende Deregulierung mit den einhergehenden Innovationen im Finanzsektor ließ zudem den Einfluss einzelner geldpolitischer Maßnahmen der Zentralbanken kontinuierlich sinken.[55]

Somit führte das System flexibler Wechselkurse in Verbindung mit dem weitreichenden Abbau internationaler Kapitalverkehrskontrollen nicht zu einer gesteigerten Autonomie der Zentralbanken, sondern vielmehr zu deren Abhängigkeit vom GWFS.

2.2. Abbau der Dominanz des US-Dollars im globalen Währungssystem?

Innerhalb des Bretton-Woods-Systems hatte der USD auch deshalb eine so dominierende Stellung, kritisieren Experten, weil der USD dort die beherrschende Handels- und Reservewährung darstellte. Man ging davon aus, dass flexible Wechselkurse ein System gleichberechtigter Währungen hervorbringt, in dem die Nachfrage nach Währungsreserven auf zahlreiche Währungen verteilt werden würde.

Abbildung 5 zeigt zwar, dass der Anteil der US-Dollarreserven an den gesamten Weltwährungsreserven im Zeitraum von 1972-1984 um etwa 15% zurückgegangen ist, der USD mit etwa 65% Anteil im Jahre 1984 aber immer noch die dominierende Währung im GWFS war. Diese vorherrschende Stellung des USD änderte sich, wie die Abbildung zeigt, auch in den 1990er und 2000er Jahren nicht wesentlich. Verantwortlich für diese Entwicklung sind vor allem die enorme Wirtschaftskraft, der hohe Entwicklungsgrad des US-Finanzmarktes und die starke Rolle der USA im internationalen Handel. So werden die meisten internationalen

---

[54] Obstfeld und Taylor 2004, S. 12

[55] Die globale Vernetzung der Finanzmärkte und Finanzinnovationen insbesondere im Derivatebereich, ermöglichte es dem Finanzsektor schneller und effektiver auf geldpolitische Schocks zu reagieren bzw. sich dagegen zu schützen. Dies ließ die Effektivität geldpolitischer Maßnahmen sinken. ; Vgl. dazu Wagner, Helmut (2000): Effect of globalization on national monetary policy. S.54 In: Alexander Karmann (Hg.): Financial structure and stability. Heidelberg: Physica-Verl (Contributions to economics), S. 53–56; Bsp. für den sinkenden gelpolitischen Einfluss der Zentralbanken „Greenspan conundrum"; Vgl. dazu Abschnitt 3.2.2.

Transaktionen, wie z.B. für Öl und viele andere wichtige Rohstoffe hauptsächlich in USD gehandelt.[56] Insofern ist der USD auch die dominierende Vehikelwährung[57] im GWFS.

Wie eine genauere Betrachtung der Asienkrise später noch zeigen wird, sind Dollarreserven des Weiteren als Absicherungsinstrument gegen Kapitalflucht oder Liquiditätsengpässe vor allem in den Emerging Markets von großer Bedeutung. Da Währungsreserven nach Meinung vieler Regierungen das einzige Mittel sind, um aufstrebende Volkswirtschaften vor volatilen Wechselkursen und Kapitalströmen zu bewahren.[58] Aus diesem Grund orientieren sich auch heute noch die meisten Wechselkursregime, bezüglich des Managements ihres Wechselkurses, am USD.

Somit förderte das System flexibler Wechselkurse nicht, wie anfänglich von den meisten Ökonomen vermutet, eine relativ gleichgewichtige Stellung der Währungen, sondern untermauerte stattdessen die dominante Position des USD im GWFS zusätzlich, aufgrund der unverändert hohen Nachfrage nach USD als Transaktions- und Reservewährung.

Die bereits zitierte Expertenkommission der VN beschrieb die Rolle des USD im GWFS wie folgt, *„After the abandonment of fixed exchange rates the dollar's in the early 1970s, the main manifestation of expanding domestic demand and "excess" dollar liquidity was a decline in confidence in the dollar. When this led to measures by the U.S. to reduce dollar liquidity, in part to restore the credibility of reserve currency status, it generated dollar appreciation and contractionary pressures on the world economy. Two additional cycles of excess dollar liquidity, followed by U.S. adjustment, were also experienced in the following decades. U.S. monetary policies have been implemented with little consideration of their impact on global aggregate demand or demands for global liquidity and are thus a potential cause of instability in exchange rates and global activity."*[59] Die Kommission unter dem Vorsitz von Joseph Stiglitz beschreibt damit sehr deutlich eine Problematik, die so eigentlich nur aus dem Bretton-Woods-System bekannt war.

Die unverändert hohe Nachfrage nach USD als internationale Handels- und Reservewährung führt dazu, dass z.B. eine Verknappung der Dollarliquidität durch die amerikanische Notenbank kontraktionären, als auch deflationären Druck auf die Weltwirtschaft ausüben kann.

---

[56] Campanella, Edoardo (2010): The Triffin Dilemma Again. Online verfügbar unter: http://dx.doi.org/10.5018/economics-ejournal.ja.2010-25, zuletzt geprüft am 22.07.2012, S.4f

[57] Vehikelwährungen sind nationale Währungen, die internationale Handels-, Finanz- und Devisentransaktionen dominieren und somit großen Einfluss auf das GWFS haben.; Vgl. dazu Krugman et al. 2012, S. 356

[58] Commission of Experts of the President of the United Nations General Assembly 2009, S. 113

[59] Commission of Experts of the President of the United Nations General Assembly 2009, S. 110

Insofern hat die Geldpolitik der amerikanischen FED massiven Einfluss auf globale Finanz- und Handelsströme und somit das globale Wirtschaftswachstum.[60]

So stellen z.B. sog. „Sudden Stops", also die plötzlich drastische Verknappung internationaler Kapitalströme in eine bestimmte Volkswirtschaft, ein enormes Risiko vor allem für aufstrebende Volkswirtschaften dar, deren unterentwickelte Finanzmärkte eine derartige Veränderung der Kapitalströme mit dem einhergehenden Abwertungsdruck auf die inländische Währung nicht absorbieren können. Je nach Umfang erhöht also ein solcher Sudden Stop, ausgelöst durch negative Zukunftserwartungen internationaler Investoren bspw. aufgrund der Verknappung der Dollarliquidität seitens der FED, die Instabilität des GWFS, insbesondere aber das Risiko einer Krise in den Emerging Markets.[61] Insofern fällt der Federal Reserve die äußerst schwierige Aufgabe zu, sowohl die inländische Dollarliquidität, als auch die globale Reserveliquidität genau zu steuern.

Zahlreiche Experten sprechen aus diesem Grund bereits schon von einem erneuten Triffin-Dilemma des GWFS.[62] Campanella bringt es in seiner Analyse „The Triffin Dilemma Again" wie folgt auf den Punkt: „*The reserve currency is a global public good, provided by a single country, the US, on the basis of domestic needs. This implies that the world easily experiences liquidity excess or shortage with negative spillovers for the real sector.*"[63]

Der Theorie Robert Triffins nach, die bereits im ersten Kapitel angesprochen wurde, ist die USA, wenn sie den Status des USD als Weltreservewährung aufrechterhalten will, zudem gezwungen, ein permanentes Leistungsbilanzdefizit zu produzieren, um das globale Wirtschaftssystem mit ausreichender Dollarliquidität zu versorgen. Dieses permanente Defizit der Vereinigten Staaten trägt dadurch zum massiven Aufbau von Ungleichgewichten und damit zu vermehrter Instabilität des GWFS bei.[64]

2.3. Flexible Wechselkurse als automatischer Stabilisator?

Gemäß der Theorie können flexible Wechselkurse temporäre, aber auch permanente Angebots- und Nachfrageschocks ausgleichen. Sinkt bspw. die ausländische Nachfrage nach inländischen Exporten, so hat dies zur Folge, dass der inländische Output reduziert und die

---

[60] IMF Policy Papers (2010): Reserve Accumulation and International Monetary Stability. Hg. v. IMF (IMF Policy Papers). Online verfügbar unter: http://www.imf.org/external/np/pp/eng/2010/041310.pdf , zuletzt aktualisiert am 04.06.2010, zuletzt geprüft am 22.07.2012, S.6
[61] Ebd., S. 5-7
[62] Campanella 2010, S. 1–2
[63] Ebd., S. 2
[64] Makin, Anthony J. (2009): Global Imbalances, Exchange Rates and Stabilization Policy. Palgrave Macmillan

inländische Währung daraufhin abwertet.[65] Im System fester Wechselkurse wäre nun die Zentralbank zu einer Intervention gezwungen gewesen, um das festgelegt Wechselkursniveau wieder zu erreichen. In diesem Fall wäre der inländische Output jedoch noch weiter gesunken.[66] Bei flexiblen Wechselkursen würde der Output hingegen weit weniger sinken, weil sich durch die Abwertung der inländischen Währung Exporte des Landes verbilligen und dies in gewissen Umfang zum Anstieg der ausländischen Exportnachfrage führen würde.[67]

Ein permanenter Nachfrageschock hätte eine noch stärkere Abwertung der Währung zur Folge, weil sich dadurch der erwartete Wechselkurs permanent verändert, was wiederum eine Rechtsverschiebung der aggregierten Nachfragekurve nach sich zieht. In diesem Falle würde das Outputniveau noch weniger sinken bzw. sogar auf seinen Ausgangswert zurückkehren, weil sich die Exporte noch weiter verbilligt haben. Insofern stabilisiert der Abwertungsprozess der inländischen Währung das Outputniveau der Volkswirtschaften.[68] Diese automatische Stabilisationsfunktion ist der Theorie nach sicherlich einer der größten Vorteile des Systems flexibler Wechselkurse, weil sie es ermöglicht, die Wettbewerbsfähigkeit der Volkswirtschaften auf dem internationalen Markt relativ konstant zu halten.

Da man aber auch am Devisenmarkt nicht von einer vollkommenen Informationseffizienz ausgehen kann, können bspw. spekulative Angriffe auf einzelne Währungen diese Stabilisationsfunktion maßgeblich schwächen. Ein weiterer Grund für die eingeschränkte Wirkungsweise dieses Ausgleichsmechanismus liegt in der Beschaffenheit des globalen Währungssystems selbst. Wie bereits im vorangegangenen Kapitel erwähnt, sind vor allem die Staaten der Ermerging Markets nicht vollends zum System flexibler Wechselkurse übergegangen, sondern haben sich größtenteils aufgrund verschiedener struktureller Gründe für eine aktive Steuerung ihrer Währung durch die Zentralbank entschieden. Durch die Steuerung ihrer Währung können sich exportorientierte Volkswirtschaften massive Wettbewerbsvorteile gegenüber anderen Volkswirtschaften, die ihren Wechselkurs frei floaten lassen, verschaffen. So fixiert beispielsweise China seine Währung deutlich unter ihrem tatsächlichen Wert bzw. bremst eine schnellere Anpassung des Wechselkurses, um so Preisvorteile für die inländische

---

[65] Wenn der Output (Y) sinkt, reduziert sich auch die Liquiditätspräferenz (L) und damit die Geldnachfrage in einer Volkswirtschaft, dadurch sinken die Zinsen unter der Annahme, dass die Geldmenge gleich bleibt. Das gesunkene Zinsniveau führt letztendlich zu einer Abwertung der inländischen Währung.

[66] Die Wechselkursanpassung durch die Zentralbank führt zu einer Überbewertung der inländischen Währung und damit einer Abnahme der Wettbewerbsfähigkeit des Landes, durch die deren Exportoutput noch weiter sinkt.

[67] Krugman et al. 2012, S. 561–562

[68] Ebd., S. 563

Exportwirtschaft zu festigen.[69] Dieses Wechselkursmanagement verursacht Ungleichgewichte, die maßgeblich zur Instabilität des GWFS beitragen. Die Expertenkommission der VN verweist in diesem Zusammenhang auf die Instabilität automatischer Anpassungsmechanismen durch flexible Wechselkurse: *„The introduction of flexible exchange rates in the presence of growing private international capital flows failed to meet the expectation that adjustment of the balance of payments would become smoother while leaving each country the necessary autonomy to guarantee their domestic macroeconomic policy objectives. The basic reason is that countries can avoid adjustment as long as they can attract sufficient external flows. When these prove to be insufficient to fund the imbalance or are reversed because of lack of confidence in the deficit countries, the adjustment takes the form of a financial crisis. The asymmetry remains, but the negative impact on the deficit countries is much greater, as the increasing frequency and severity of financial crises since the mid-1970s have made clear."*[70]

Hier wird deutlich, dass der ausschlaggebende Faktor für die Ungleichgewichte und Instabilität innerhalb des GWFS die Diskrepanzen zwischen einem global-vernetzten Wirtschaftssystem ohne übergeordnete Regelungsinstanzen auf der einen Seite und der nationalen, auf die Interessen des eigenen Landes bedachten, Wirtschaftspolitik auf der anderen Seite ist.[71] Der Abkehr von diesem Ordnungsrahmen hin zu einer globalen Steuerung wesentlicher Mechanismen des GWFS stehen vielerlei Hindernisse entgegen, die sich vor allem aus nationalstaatlichen Interessen begründen.

2.4. Ausgleichende Wirkung der Wechselkurse auf Leistungsbilanzen?

Nach dem Ende des Bretton-Woods-Systems verwiesen Experten immer wieder auf die ausgleichende Wirkung frei floatender Wechselkurse bezüglich globaler Leistungsbilanzungleichgewichte. Der Theorie nach bringen Wechselkursmechanismen dieses Ungleichgewicht auf lange Sicht wieder in Gleichgewicht. Verzeichnet bspw. ein Land ein hohes Leistungsbilanzdefizit, so häuft es große Mengen an ausländischen Schulden an. Um diese ausländischen Schulden langfristig bedienen bzw. abbauen zu können, müssen Staaten früher oder später dieses Defizit in einen Leistungsbilanzüberschuss umwandeln, da eine konstant ansteigende Auslandsverschuldung internationale Investoren verunsichern könnte. Der Vertrauensverlust internationaler Investoren in die volkswirtschaftliche Stabilität des Defizitlandes würde die

---

[69] Vgl. Abbildung 6a Appendix
[70] Commission of Experts of the President of the United Nations General Assembly 2009, S. 111
[71] Campanella 2010, S. 2

18

Finanzierung eines dauerhaften Leistungsbilanzdefizites deutlich erschweren oder sogar auf lange Sicht verhindert. Aus diesem Grund sind Volkswirtschaften gezwungen, den Aufbau langfristiger Defizite zu verhindern.

Da internationale Investoren also davon ausgehen, dass das Defizitland seine negative Leistungsbilanz langfristig reduzieren muss, spekulieren diese auf eine Abwertung der Währung des Defizitlandes.[72] Diese sog. stabilisierenden Spekulationen führen auf dem Devisenmarkt zu einer tatsächlichen Abwertung der Währung des Defizitlandes, mit dem Effekt, dass dieses nun seine Defizite leichter reduzieren kann. Auf der anderen Seite verursacht die hohe Exportnachfrage bei Überschussländern eine Aufwertung der inländischen Währung.[73] Diese Veränderung des Wechselkurses verursacht wiederum eine Reduktion der Leistungsbilanzüberschüsse aufgrund des Preiseffektes auf die Exporte oder der damit einhergehenden sinkenden Exportnachfrage.[74]

Wie bereits im vorrangegangenen Abschnitt angemerkt, können solche Anpassungsmechanismen zum einen durch die Etablierung gemanagter Wechselkurssysteme außer Kraft gesetzt werden.[75] Zum anderen müssen Volkswirtschaften mit stark entwickelten Finanzmärkten nicht zwangsläufig ihre Defizite reduzieren, weil deren Finanzmärkte zu jeder Zeit in der Lage sind, genug ausländisches Kapital zu akquirieren, um das Defizit langfristig zu finanzieren.[76] Der aus diesen beiden Umständen resultierende Aufbau globaler Leistungsbilanzungleichgewichte hat nach Ansicht zahlreicher Experten massive Auswirkungen auf die Stabilität des GWFS.[77] Nach der eingehenden Betrachtung der vier Hauptargumente über die effiziente Wirkungsweise von flexiblen Wechselkurssystemen muss die Annahme, dass ein System flexibler Wechselkurse stets stabilisierend und ausgleichend auf das GFWS wirkt, verworfen werden. Vielmehr wachsen die Ungleichgewichte in diesem System aufgrund mangelnder internationaler Koordination.[78]

Letztendlich haben die ersten beiden Kapitel wesentliche Risikofaktoren extrahieren können, indem theoretische Annahme mit den realen Mechanismen des GWFS nach

---

[72] Leistungsbilanzdefizite können durch strukturelle Anpassungen wie z.B. die Senkung der Importnachfrage reduziert werden. Sinkt die Importnachfrage, so sinkt auch die Nachfrage nach Transaktionsgeld und damit die inländischen Zinsen (Liquiditätspräferenz sinkt aufgrund erhöhter Sparquote), was zu einer Abwertung der Währung des Defizitlandes führt. Die Abwertung der Währung begünstigt zudem die Exporte des Defizitlandes, aufgrund des Preiseffektes durch den gesunkenen Wechselkurs. Die gesteigerten Exporte begünstigen die Reduktion des Leistungsbilanzdefizites.; Vgl. dazu Krugman et al. 2012, S. 561–562
[73] Stetig hohe Exportnachfrage erhöht den Output Y und damit auch die Nachfrage nach inländischer Währung, dies führt zu einem Anstieg der Zinsen und der Aufwertung der inländischen Währung.
[74] Krugman et al. 2012, S. 563
[75] IMF Policy Papers 2010, S. 8
[76] Vgl. Abschnitt 3.2.1.
[77] Vgl. dazu Commission of Experts of the President of the United Nations General Assembly 2009; Obstfeld und Rogoff 2009
[78] Campanella 2010, S. 2

Bretton-Woods verglichen wurden.[79] Die Auswirkungen dieser Risikofaktoren auf die Stabilität des GWFS sollen nun anhand zweier konkreter Beispiele nachgewiesen werden. Zudem wird sich zeigen, dass durch Krisen selbst neue Risikofaktoren innerhalb des Systems entstanden sind.

---

[79] Marktübertreibungen durch Informationsineffizienz (Vgl. Abschnitt 1.2.1.); Vernetzung internationaler Finanzmärkte (1.2.2.); Entwicklungsgefälle nationaler Finanzmärkte (1.2.3.); Deregulierungsdruck aufgrund international vernetzter Finanzmärkte (2.1.) Wechselkurs-Management einzelner Volkswirtschaften (2.2.); Dominanz des USD (2.2.)

3. Entstehung und Wirkung der Risikofaktoren

3.1. Die Asienkrise

Das erste Kapitel hat bereits deutlich gemacht, welchen Herausforderungen sich die Emerging Markets im Zuge der Financial Globalization stellen mussten. Zahlreiche Krisen in den 1990er Jahren haben gezeigt, wie instabil gerade aufstrebende Volkswirtschaften innerhalb des GWFS sein können. Dieser Abschnitt soll sich aus diesem Grund mit den Auswirkungen der Asienkrise auf die globale Finanzarchitektur beschäftigen und hinterfragen, warum sich die Risikofaktoren und Instabilität des GWFS nach diesem Ereignis noch weiter erhöht haben.

3.1.1. Ursachen

Die Asienkrise, sicherlich eine der größten Wirtschaftskrisen in den 1990er Jahren, hat gezeigt, wie sich prozyklische Kapitalströme aus dem Ausland[80], massive Kreditexpansion des inländischen Bankensektors und mangelndes Vertrauen in die institutionelle Ordnung eines Landes, auf die wirtschaftliche Stabilität einer ganzen Region auswirken können.

Ihren Ursprung hatte diese vielschichtige Krise dabei in Thailand. Den Ausgangspunkt der Krise in Thailand bildeten massive Wechselkursspekulationen Anfang Juni des Jahres 1997. Abbildung 6 zeigt den Wechselkursanstieg und die damit verbundene Abwertung des thailändischen Baht.

Bereits im Jahre 1996 sank die jährliche Wachstumsrate der thailändischen Volkswirtschaft um über 3%, zudem waren Anfang des Jahres 1997 erste Zahlungsausfälle thailändischer Schuldner gegenüber ausländischen Gläubigern aufgetreten.[81] Zudem verunsicherte das dauerhaft hohen Leistungsbilanzdefizite, verursacht durch enorme Kapitalbilanzüberschüsse[82], die massive Steigerung der Kreditaufnahme inländischer Banken im Ausland[83], sowie

---

[80] In den frühen 1990er Jahren waren die Konjunkturaussichten in vielen ostasiatischen Staaten sehr gut, zudem befand sich das Zinsniveau in den entwickelten Volkswirtschaften auf sehr niedrigen Niveau, weshalb internationale Investoren nach höheren Erträgen in den Emerging Markets suchten. ; Vgl. dazu Krugman, Paul R. (2009): The return of depression economics and the crisis of 2008. W. Norton & Company, S.79

[81] Dieter, Heribert (1999): Die Asienkrise. Ursachen, Konsequenzen und die Rolle des Internationalen Währungsfonds. 2. Aufl. Marburg: Metropolis-Verl, S.52

[82] Die Kapitalbilanz ist das Gegenstück zur Leistungsbilanz.
Verzeichnet ein Land hohe Kapitalzuflüsse, so übersteigen oftmals die Investitionen einer Volkswirtschaft deren Ersparnisse und das Land verzeichnet Leistungsbilanzdefizite. Grund für die enormen Kapitalzuflüsse aus dem Ausland in die ostasiatischen Volkswirtschaften können die hohen Ertragserwartungen internationaler Investoren sein und deren Annahme, dass Wechselkursrisiken aufgrund der fixierten Wechselkurse entfallen; Vgl. dazu Frenkel, Michael (1998): Recent Balance of Payments Crises in East Asia. S.54f
In: Menkhoff, Lukas (Hg.): Asian financial markets. Structures, policy issues and prospects. Baden-Baden: Nomos-Verl.-Ges, S. 45–60

die Bildung von Preisblasen im Finanz- und Immobiliensektor[84] verbunden mit dem relativ geringen Entwicklungsgrad der ostasiatischen Finanzmärkte[85], internationale Investoren zunehmend. Die aufkommende Unsicherheit in Bezug auf die ökonomische Stabilität, insbesondere der thailändischen Volkswirtschaft, führte einem rapiden Einbruch internationaler Kapitalflüsse. Aufgrund der abnehmenden internationalen Kapitalflüsse, aber auch spekulativer Attacken, geriet der Wechselkurs des thailändischen Baht am Devisenmarkt immer mehr unter Druck. Internationale Investoren gingen deshalb davon aus, dass die thailändische Zentralbank aufgrund zu geringer Währungsreserven in naher Zukunft nicht mehr in der Lage sei, den festen Wechselkurs des thailändischen Baht zum USD aufrecht zu erhalten. Die Gefahr dieses zusätzlichen Wechselkursrisikos schreckte internationale Investoren noch mehr ab und die Kapitalabflüsse verstärkten sich. Wie erwartet, musste die Zentralbank Thailands dem massiven Druck am internationalen Devisenmarkt nachgeben und den Wechselkurs des Baht gegenüber dem USD am 2. Juli 1997 freigeben. Daraufhin wertete dieser innerhalb weniger Tage um über 10% gegenüber dem USD ab.[86] Als Reaktion auf die Ereignisse in Thailand gerieten auch die Wechselkurse der benachbarten Volkswirtschaften wie Malaysia, Indonesien und etwas zeitversetzt auch Südkorea unter massiven Druck.[87]

Heute bezeichnen Experten diese Ereignisse während der Asienkrise als sog. „Dritte Generation" von Währungskrisen. Diese Dritte Generation ist von der engen Verbindung zwischen einer Banken- und Zahlungsbilanzkrise geprägt. Der Ausgangspunkt hierfür waren in Asien vor allem die selbsterfüllenden Erwartungen internationaler Investoren. Aufgrund der Annahme, die thailändische Volkswirtschaft insbesondere das Bankensystem sei instabil, wurde Investitionen gestoppt. Ausländische Kapitalflüsse waren aber vor allem für die thailändischen Banken überlebenswichtig, da diese massiv kurzfristige ausländische

---

[83] Die enorme Steigerung der Kapitalzuflüsse in die ostasiatischen Volkswirtschaften fand vor allem in Form von kurzfristigen Krediten (Laufzeit bis zu einem Jahr) ausländischer Banken für inländische Kreditinstitute statt, die dieses frische Kapital in langfristige Kredite umwandelten. Das bestehende Wechselkursrisiko und die exzessive Fristentransformation der inländischen Banken machte die Volkswirtschaften enorm anfällig gegenüber einer plötzlichen Veränderung in den Kapitalströmen, bspw. aufgrund eines Vertrauensverlustes internationaler Investoren.; Vgl. dazu Michael Frenkel 1998, S. 53f

[84] Zahlreiche Regierungen ließen im Vorfeld der Asienkrise immer wieder verlauten, dass der Bankensektor notfalls vom Staat gestützt werde. Das anfängliche Vertrauen internationaler Investoren in die fixen Wechselkurs und die „Staatsgarantien" führte zu „moral hazard" – Problematiken, die letztendlich zum Aufbau vielfältiger Preisblasen und damit zu zusätzlicher Instabilität für die Volkswirtschaften beitrugen.; Vgl. dazu Caballero, Ricardo J.; Krishnamurthy, Arvind (2005): Bubbles and Capital Flow Volatility: Causes and Risk Management. Online verfügbar unter: http://www.comisiondistorsionesdeprecios.cl/conferencias-seminarios/seminarios/pdf/caballero1.pdf , zuletzt geprüft am 22.07.2012, S.1

[85] Eine Studie des IWF belegt, dass die Volatilität der Kapitalströme in eine Volkswirtschaft maßgeblich von dem jeweiligen Entwicklungsgrad des inländischen Finanzmarktes abhängt.; Vgl. dazu Dell´Ariccia und u. a. 2010, S. 249–252

[86] Krugman et al. 2012, S. 671

[87] Vgl. Abbildung 6 Appendix

Kredite in langfristige inländische Kredite umgewandelt hatten und deshalb auf frisches Geld aus dem Ausland angewiesen waren. Der „Sudden Stop" ausländischer Kapitalflüsse führte aus diesem Grund direkt zum Kollaps des thailändischen Baht und des Bankensystems.[88] Damit war der Grundstein für eine sog. „twin crisis" gelegt.[89] Diese Kombination aus Währungs- und Bankenkrise trifft Volkswirtschaften besonders heftig, weil sich die einzelnen Brandherde quasi gegenseitig verstärken.[90]

Im Jahre 1998 folgten weitere massive Kapitalabflüsse und ein starker Einbruch des Wirtschaftswachstums in zahlreichen Volkswirtschaften Ostasiens[91], denn nicht nur die direkt betroffenen Volkswirtschaften, sondern auch Länder wie China, Japan und Taiwan deutlich zu spüren bekamen.

Betrachtet man die Ursachen der Krise nochmals genauer, so lässt sich eine klare Trennung in interne und externe Krisenfaktoren vornehmen.

Im Hinblick auf die internen Faktoren kann man erkennen, dass nach der umfassenden Liberalisierung und Integration der Finanzmärkte im ostasiatischen Raum keine starken institutionellen Rahmenbedingungen, sowie ausreichende Entwicklungen des Finanzsektors geschaffen wurden. Wie bereits nachgewiesen, führt die Unterentwicklung von Finanzmärkten in einem global integrierten Finanzsystem in hohem Maße zu Volatilität und damit Instabilität.[92] Die Öffnung einer Volkswirtschaft für internationales Kapital bei relativer Unterentwicklung des Finanzmarktes erzeugt dabei enorme Kosten für die betreffende Volkswirtschaft, aufgrund hoher Risikoprämien für Anlagen oder einer notwendigen Fixierung der inländischen Währung, um die Volatilität der Kapitalströme zu begrenzen.[93] Diese Kombination aus Öffnung der Finanzmärkte für internationale Investoren und der Aufrechterhaltung fixer Wechselkurse erzeugt wiederum instabile Investitionsbedingungen und moral-hazard-Problematiken bezüglich internationaler Kapitalflüsse, die viele ostasiatische Volks-

---

[88] Chang, Robert; Velasco, Andres (2001): A model of currency crises in emerging markets. In: *The Quarterly Journal of Economics* (116), S. 489–517. Online verfügbar unter: http://qje.oxfordjournals.org/content/116/2/489.full.pdf , zuletzt geprüft am 25.07.2012

[89] Vgl. dazu Kaminsky, Graciela L.; Reinhart, Carmen M. (1997): The Twin Crises: The Causes of Banking and Balance-of-Payments Problems. Hg. v. Board of Governors of the Federal Reserve System (International Finance Discussion Papers, 544). Online verfügbar unter: http://www.federalreserve.gov/pubs/ifdp/1996/544/ifdp544.pdf , zuletzt geprüft am 22.07.2012

[90] Wenn die Zentralbank nicht mehr in der Lage ist, den fixierten Wechselkurs einer Volkswirtschaft mangels Währungsreserven aufrechtzuerhalten und die Währung daraufhin massiv abwertet, so steigen die Kosten für Banken, die Kredite in fremder Währung aufgenommen haben, enorm. Dies führt zu einer Krise des Finanzsektors, die wiederum den Zufluss von frischem ausländischen Kapital mindert und somit den Aufbau von Währungsreserven durch die Zentralbank deutlich erschwert bzw. sogar ganz verhindert. Diese Abwärtsspirale stürzt Volkswirtschaften in ein Rezession, der sie ohne fremde Hilfe meist nicht Herr werden können. Vgl. dazu Kaminsky und Reinhart 1997, S. 2

[91] Vgl. Abbildung 7 Appendix: durchschnittliches Wachstum der von der Asienkrise direkt betroffenen Volks wirtschaften

[92] Dell´Ariccia und u. a. 2010, S. 248–249

[93] Commission of Experts of the President of the United Nations General Assembly 2009, S. 19

wirtschaften zusätzlich enorm verwundbar machten.[94] Des Weiteren trugen mangelnde Bankenaufsicht und Fehler in der Zentralbank- und Währungspolitik maßgeblich zur Entstehung der Krise bei.

Nichtsdestotrotz haben auch externe Faktoren wie z.B. Ungleichgewichte im internationalen Währungssystem[95] resultierend aus der angesprochenen Diskrepanz zwischen globaler Vernetzung und festen Regeln im GWFS, eine fehlende internationale Bankenaufsicht, spekulative Investitionsströme auf der Suche nach Erträgen, sowie gezielte Attacken auf einzelne Währungen dazu beigetragen, die bestehende Instabilität innerhalb vieler Volkswirtschaften Ostasiens in eine Zahlungsbilanz- und Währungskrise zu verwandeln, die zusätzliche zu einer massiven Krise des Bankensektors führte.

Somit wird klar, dass globale Ungleichgewichte in den Bereichen Finanzmarktentwicklung und -regulierung, Wechselkursmanagement, sowie Ungleichgewichte in der Handels- und Investitionspolitik maßgeblich zur Instabilität des GWFS und damit zur Asienkrise beigetragen haben. Gerade Volkswirtschaften der Emerging Markets sind aus diesem Grunde der Meinung, dass es vor allem an internationalen Institutionen und Regelungen mangelt, die das GWFS regulieren, um so die Krisenanfälligkeit des Weltwirtschaftssystem zu reduzieren.[96] Bedauerlicherweise gelang es der internationalen Gemeinschaft auch nach der Asienkrise nicht, geeignete Maßnahmen zu ergreifen, um das internationale Währungs- und Finanzsystem krisenfester und gerechter zu gestalten.[97] Dies führte zu protektionistischen Tendenzen vieler ostasiatischer Volkswirtschaften in Bezug auf deren Krisenschutz[98], mit abermals erheblichen Folgen für die Stabilität des GWFS.

3.1.2. Schutzmaßnahmen nach der Krise

Die Erfahrungen der Krisen der 1990er Jahre, insbesondere der Asienkrise haben gezeigt, dass es für aufstrebende Volkswirtschaften mit viel Kapitalbedarf sehr schwierig ist, die

---

[94] Die hohen Risikoprämien und damit Ertragschancen aufgrund der Unterentwicklung des Finanzsektors, aber gleichzeitig keine unmittelbare Notwendigkeit, sich gegen Wechselkursrisiken abzusichern, führte zu spekulativen Kapitalbewegungen, die fast ausschließlich einen kurzfristigen Anlagehorizont hatten und somit die Instabilität vieler ostasiatischer Volkswirtschaften massiv erhöhte.

[95] Der Versuch von Volkswirtschaften wie z.B. Thailand volatile Kapitalströme durch Fixierung des Wechselkurses einzudämmen, erzeugten Ungleichgewichte im Währungssystem (siehe Abschnitt 2.3. & 2.4.), die durch Spekulationen internationaler Investoren ausgenutzt werden konnten und so zum Aufbau von Krisen beitrugen .

[96] Xiaochuan, Zhou (2009): Reform the international monetary system. Hg. v. BIS - Bank for International Settlements. Online verfügbar unter: http://www.bis.org/review/r090402c.pdf?frames=0 , zuletzt aktualisiert am 02.04.2009, zuletzt geprüft am 22.07.2012

[97] Commission of Experts of the President of the United Nations General Assembly 2009, S. 44

[98] Die Instabilität des Systems führt dazu, dass Staaten eigene Krisenschutzmechanismen aufbauen, anstatt das globale System an sich kooperativ zu stabilisieren. Dies erhöht die globalen Ungleichgewichte zusätzlich und damit letztendlich auch die Instabilität des GWFS.

Volatilität der internationalen Kapitalflüsse kontrollierbar zu machen. Ein stabiler Zufluss ausländischer Kapitalmittel ist jedoch notwendig, um über einen langen Zeitraum ein stabiles und nachhaltiges Wachstum erzielen zu können. Eine Studie von Durham hat diesbezüglich belegt, dass Wachstumseffekte aus internationalen Kapitalflüssen (FDI- und Portfolioinvestitionen) abhängig von den sog. „Absorptionskapazitäten" einer Volkswirtschaft, insbesondere in Bezug auf die Entwicklung des Finanzsektors und deren Institutionen, sind.[99] Der Aufbau solcher Absorptionskapazitäten durch eine strukturelle Entwicklung der inländischen Finanzmärkte, die auch die Verwundbarkeit der Volkswirtschaften gegenüber möglichen Sudden Stops deutlich verringern würde, braucht Zeit.[100] Die Vertiefung des Finanzsektors in den Emerging Markets, der Aufbau neuer Institutionen und die Förderung der Marktdisziplin sind Prozesse, die nach der Asienkrise deutlich konsequenter von den einzelnen asiatischen Regierungen vorangetrieben wurden.[101] Nichtsdestotrotz haben diese Märkte noch längst nicht den Entwicklungsgrad eines europäischen oder amerikanischen Finanzmarktes erreicht.[102]

Insofern hielten es viele Volkswirtschaften im ostasiatischen Raum für geboten, weitere Schutzmaßnahmen zu ergreifen, die ihnen in der Zukunft eine bessere Krisenverteidigung bieten sollten.

Aus diesem Grund entschieden sich vor allem die Staaten, die am heftigsten von der Krise betroffen waren, für eine konsequente Stabilisierung ihrer Leistungsbilanzen.[103] China hatte in diesem Bereich eine Vorreiterrolle inne, da es bereits vor der Krise enorme Export- sowie Leistungsbilanzüberschüsse verzeichnete. Des Weiteren hatte die Zentralbank Chinas seit 1994 begonnen, den Renminbi durch massive Devisenmarktinterventionen auf ein niedriges Niveau zu drücken.[104] Neben China gingen nun auch weitere Staaten zu einer exportorientierten Wachstumsstrategie über, die die Abhängigkeit der Volkswirtschaften von internationalen Kapitalzuflüssen reduzieren sollte.[105] Diesem Strategiewechsel folgte ebenfalls ein deutlicher Anstieg der Sparquote dieser Volkswirtschaften, der gemäß der makroökonomischen Theorie

---

[99] Kose, M. Ayhan u.a (2010): Finacial Globalization. A Reappraisal. S.288f, In: Christopher Crowe u.a. (Hg.): Macrofinancial linkages. Trends, crises, and policies. International Monetary Fund, S. 273–322

[100] Die Fähigkeit einer Volkswirtschaft exogene Schocks aufgrund internationaler Kapitalflüsse durch die Intermediationsfähigkeit des inländischen Finanzsektors auszugleichen, wird mit der Absorptionskapazität der Finanzmärkte bemessen.; Vgl. dazu Commission of Experts of the President of the United Nations General Assembly 2009, S. 35

[101] Commission of Experts of the President of the United Nations General Assembly 2009, S. 128

[102] Kose 2010, S. 275

[103] Vgl. dazu Abbildung 6a Appendix

[104] Die Wechselkurs- und Reservepolitik Chinas erzeugte Wettbewerbsdruck auf viele Volkswirtschaften Ostasiens, dem diese insbesondere nach der Asienkrise mit der Übernahme des chinesischen Wachstumsmodelles begegneten.; Vgl. dazu Dunaway, Steven Vincent (2009): Global imbalances and the financial crisis., S. 10

[105] Vgl. Abbildung 7 Appendix: Durchschnittliches Wachstum, Leistungsbilanzsaldo und Exportzuwachsrate in den von der Asienkrise am meisten betroffenen Volkswirtschaften

offener Volkswirtschaften neben der starken Exportausrichtung zur Ausweitung der Leistungsbilanzüberschüsse beiträgt, sobald die Sparquote die Investitionsquote übersteigt.[106]

Dem Aufbau von Leistungsbilanzüberschüssen folgte eine konsequente Anhäufung massiver Währungsreserven seitens der Zentralbanken vieler ostasiatischer Staaten. Die Vergangenheit hatte gezeigt, dass Volkswirtschaften mit geringen Reservepositionen, vor allem die, die einen fixierten Wechselkurs ihrer Währung aufrechterhalten wollten, oft zum Ziel von Wechselkursspekulationen und plötzlichen Kapitalabflüssen aufgrund negativer Zukunftserwartungen internationaler Investoren wurden. Insofern sind Währungsreserven eine Art Verteidigungsinstrument gegen volatile Kapitalströme und ein Zeichen für internationale Investoren, dass die Volkswirtschaft auch im Falle eines Sudden Stops weiter stabil bleiben kann.[107] Dieses Motiv der stetigen Akkumulation von Währungsreserven wird von Experten als „precautionary saving"[108] bezeichnet. Ein weiterer Grund für den massiven Anstieg der Währungsreserven mancher Länder, ist deren Politik, die eigene Währung künstlich unterzubewerten.[109] Abbildung 8 zeigt den Prozess der Reserveakkumulation in Abhängigkeit vom Entwicklungsstand der Volkswirtschaft, dabei wird deutlich, dass die Währungsreserven der Entwicklungsländer und Emerging Markets nach der Jahrtausendwende wesentlich schneller angewachsen sind, also die der entwickelten Volkswirtschaften. So verzeichnete z.B. ein Land wie Südkorea, welches seit Anfang des Jahres 1998 massiv von der Asienkrise betroffen war, innerhalb von nur drei Jahren einen Anstieg seiner Währungsreserven um 70 Milliarden USD, was einer Vervierfachung der Reserveposition gleichkommt.[110]

Die Expertenkommission der VN, die sich in ihrem Bericht intensiv mit den Instabilitätsfaktoren des globalen Finanzsystems auseinandergesetzt hat, den Prozess der Reserveakkumulation wie folgt beschrieb: *„As a result of a sequence of severe crises experienced since the breakdown of the Bretton Woods system, a number of developing countries, particularly in Asia and Latin America, have sought new instruments to protect themselves against global financial and economic instability. Coupled with the increasing unwillingness of developing*

---

[106] Vgl. Abbildung 7a Appendix: Der deutliche Anstieg der Sparquote in „Developing Asia" seit dem Jahre 2001 lässt sich u.a. mit anhaltenden konjunkturellen Risiken nach der Asienkrise und mangelnder sozialer Absicherung der Bürger vieler ostasiatischer Länder erklären. Die Leistungsbilanz hängt unter der Annahme eines ausgeglichenen Staatshaushaltes (G-T=0) einzig vom Verhältnis zwischen Spar- und Investitionsquote ab.
→LB = S – I– (G-T) ; Vgl. dazu Krugman et al. 2012, S. 333-334
[107] Higgins, Mathew; Klitgaard, Thomas: Reserve Accumulation: Implications for Global Capital Flows and Financial Markets, zuletzt geprüft am 22.07.2012, S.3
[108] IMF Policy Papers 2010, S. 13
[109] Die Zentralbank eines Landes muss am Devisenmarkt intervenieren, wenn sie beispielsweise die Aufwertung ihrer Währung verhindern möchte. Um den Wechselkurs konstant zu halten, müsste die Zentralbank aus diesem Grunde inländische Währung am Devisenmarkt anbieten, im Gegenzug würde sie andere Devisen erhalten, die die Reserveposition der Zentralbank erhöhen.
[110] Vgl. Abbildung 9 Appendix

countries to submit to the conditionalities associated with IMF lending, this has led to a massive accumulation of reserves over the past two decades. As these reserves are mostly held in hard currencies, they also represent a transfer of resources to the United States and other industrialized countries."[111] Im letzten Satz des Zitates klingt an, dass die Tendenz zur verstärkten Anhäufung von Währungsreserven auch Implikationen für Volkswirtschaften hat, deren Stabilität und Krisenschutzelemente im Normalfall wesentlich besser entwickelt sind, als die der Emerging Markets. Ferner stellt sich an dieser Stelle nun die Frage, wie sich dieser gezielte Aufbau von weiteren Ungleichgewichten und somit die Entstehung neuer Risikofaktoren[112] zum Schutze einzelner Volkswirtschaften im Folgenden auf die Stabilität des GWFS auswirkte.

Aus diesem Grund soll im Folgenden der Einfluss dieser neuen Strategie der Emerging Markets auf die Entstehung der US Finanzkrise seit dem Jahre 2007 untersucht werden.

3.2. US-Finanzkrise

Die US-Finanzkrise, die den Ausgangspunkt für die globale Finanz- und Wirtschaftskrise der letzten Jahre bildete, ist nach Meinung zahlreicher Experten direkt mit den Krisen in den Emerging Markets der 1990er Jahre und der Instabilität der globalen Finanzarchitektur verknüpft. Reinhart und Rogoff analysieren, dass die US-Immobilienblase, die sicherlich einer der Hauptfaktoren der US-Finanzkrise war, maßgeblich von massiven Zuflüssen billigen Kapitals aus dem Ausland begünstigt wurde.[113] Obstfeld und Rogoff schätzen die globale Finanzarchitektur zwar nicht als Hauptgrund, aber als „*critically important codeterminant*"[114] der Krise ein. Eichenengreen stellt metaphorisch fest, dass „*The United States lit the fire, but foreigners were forced by the perverse structure of the system to provide the fuel.*"[115]

Die permanenten Leistungsbilanzüberschüsse und die damit verbundene massiven Anhäufung von Währungsreserven durch die Emerging Markets seit der Jahrtausendwende, hatten erhebliche Auswirkungen auf das Gleichgewicht im globalen Finanzsystem. Dazu muss man sich vergegenwärtigen, dass Leistungsbilanzüberschüsse immer eine Diskrepanz zwischen Spar- und Investitionsquote innerhalb einer Volkswirtschaft darstellen.[116] Demnach werden Defizitpositionen, wie beispielsweise die der USA bei denen die Investitionen die volkswirt-

---

[111] Commission of Experts of the President of the United Nations General Assembly 2009, S. 109–110

[112] Aufbau enormer Leistungsbilanzüberschüsse; massive Reserveakkumulation ; aktives Währungsmanagement

[113] Reinhart und Rogoff 2011, S. 207

[114] Obstfeld und Rogoff 2009, S. 1

[115] Eichengreen 2011, S. 5

[116] Bei auftretenden Leistungsbilanzüberschüssen sind die Exporte > Importe und demzufolge auch S > I, dadurch ist das ein Überschussland in der Lage Kapital zu exportieren, um Defizitländer zu finanzieren.; Vgl. dazu Krugman et al. 2012, S. 330–333

schaftliche Ersparnis übersteigen, durch Kapital aus den Überschussländern finanziert. Wenn also immer mehr aufstrebende Volkswirtschaften ihre Leistungsbilanzen ausgleichen bzw. sogar Überschüsse erwirtschaften wollen und die Nachfrage nach USD als Währungsreserve zudem konstant hoch ist, bedeutet dies im Umkehrschluss, dass die US-Volkswirtschaft gezwungen ist, ein permanentes Leistungsbilanzdefizit zu produzieren, um eine Liquiditätskrise für die Weltwirtschaft zu verhindern.[117]

Abbildung 10 zeigt diese stetige Ausweitung des US-Leistungsbilanzdefizites im Vergleich zum kontinuierlichen Aufbau von Leistungsbilanzüberschüssen und Währungsreserven der asiatischen Entwicklungsländer.

Das zweite Kapitel hat diesbezüglich deutlich gemacht, dass die Außerkraftsetzung automatischer Anpassungsmechanismen z.B. durch fixierte Wechselkurse[118] und die äußerst vorteilhafte Stellung der US-Volkswirtschaft zum Aufbau der in Abbildung 10 gezeigten Ungleichgewichte geführt hat. Diese Ungleichgewichte, egal wie sie entstanden sind, haben zweifelsohne einen negativen Einfluss auf die globale Finanzstabilität und trugen letztendlich auch zum Aufbau der US-Finanzkrise bei.[119] Man muss sich aus diesem Grunde die Frage stellen, warum die USA keine Anstrengungen unternommen haben, ihre Defizite zu reduzieren bzw. wie es ihnen überhaupt möglich war, solche massive Defizitpositionen zu finanzieren und warum die enormen Kapitalüberschüsse anderer Ländern hauptsächlich ihren Weg in den US-Finanzmarkt suchten.

3.2.1. Ein exorbitantes Privileg

Zahlreiche Experten sprechen schon seit langem von einem „exorbitant privilege" der US-Volkswirtschaft, weil die USA die Möglichkeit haben sich zu äußerst günstigen Konditionen im Ausland zu verschulden, um damit ihr hohes Außenhandelsdefizit zu finanzieren.[120] Der Grund für diese vorteilhafte Stellung der US-Volkswirtschaft ist zum einen der Status des USD als Weltreservewährung und zum anderen der außerordentlich hohe Entwicklungsgrad des US-Finanzmarktes. Die hohe globale Nachfrage nach Dollarreserven[121] führt zu steigenden Kapitalzuflüssen in die USA.[122]

---

[117] Vgl. Abschnitt 2.2.
[118] Vgl. Abschnitt 2.4.
[119] Campanella 2010, S. 3
[120] Eichengreen 2011, S. 4–5
[121] Vgl. Abbildung 5 Appendix:
  Die Attraktivität einer Währung als Reservewährung wird maßgeblich durch die politische, sowie wirtschaftlichen Stärke und den Entwicklungsgrad des Finanzmarktes des Landes bestimmt.. ;
  Vgl. dazu Eichengreen 2011, S. 6
[122] Vgl. Abbildung 16 Appendix

Diese Kapitalzuflüsse werden dabei maßgeblich von den Zentralbanken der Emerging Markets mit deren massiven Währungsreserven bestimmt. Eine Zentralbank ist bspw. daran interessiert, den größten Anteil ihrer Währungsreserven sicher an den Finanzmärkten anzulegen, anstatt durch höhere Risiken mehr Erträge erwirtschaften zu können.[123] Aus diesem Grund werden die Dollarreserven der Zentralbanken meistens in sichere Dollaranlagen wie z.B. US-Staatanleihen investiert, da der US-Finanzmarkt den internationalen Investoren hohe Liquidität und Sicherheit, sowie geringe Transaktionskosten garantieren kann.[124] Betrachtet man konkret die Zuflüsse in die einzelnen Schuldtitel, so wird deutlich, dass seit der Jahrtausendwende die Nachfrage ausländischer Investoren nach öffentlichen Schuldtiteln auch über die Finanzkrise hinaus stärker gewachsen ist als deren Nachfrage nach privaten Schuldtiteln.[125] Dieser Umstand zeigt, dass gerade öffentliche Investoren auf der Suche nach sicheren Anlagen waren, deren Ertrag zunächst von zweitrangiger Bedeutung war. Diese Entwicklung hatte zur Folge, dass ausländische öffentliche Investoren zu immer wichtigeren Akteuren im US-Finanzmarkt wurden.[126] Eine Studie von Warnock und Warnock hat diesbezüglich festgestellt, dass der Einfluss ausländischer Kapitalströme auf die langfristigen Zinsen von US-Staatsanleihen seit der Jahrtausendwende stets signifikant ist und sich für 10-jährige Anleihen im Bereich um 100 Basispunkte bewegt, d.h., dass die zusätzliche ausländische Nachfrage nach US-Staatsanleihen eine zinssenkende Wirkung von bis zu einem Prozent hatte.[127] Diese Studie belegt somit das „exorbitant privilege" der US-Volkswirtschaft empirisch und macht deutlich, dass die große internationale Nachfrage nach sicheren US-Anlagen, sowie deren Einfluss auf das US-Zinsniveau, die günstige Verschuldung der US-Volkswirtschaft ermöglicht. Zudem ist die USA in der Lage, durch geringere Auslandsinvestitionen trotzdem einen Ertrag ihrer internationalen Investitionen zu erzielen, der ihre Finanzierungskosten durch ausländisches Kapital deutlich übersteigt.[128]

Alles in allem kann also die US-Volkswirtschaft, aufgrund der starken Stellung des USD, sowie des US-Finanzmarktes nahezu unbegrenzt ausländisches Kapital aufzunehmen, um ihr Defizit langfristig zu finanzieren. Ergo ist die USA auch nicht daran interessiert, die Stärke

---

[123] Chinn et al. 2011, S. 4

[124] Krishnamurthy, Arvind; Vissing-Jorgensen, Annette: The Aggregate Demand for Treasury Debt. Online verfügbar unter: http://www.kellogg.northwestern.edu/faculty/krisharvind/papers/demandtreas.pdf , zuletzt geprüft am 22.07.2012, S.33

[125] Vgl. Abbildung 11 Appendix

[126] Higgins und Klitgaard, S. 2–3

[127] Warnock, Francis E.; Warnock, Veronica Cacdac (2005): International Capital Flows and U.S. Interest Rates. Online verfügbar unter: http://www.federalreserve.gov/pubs/ifdp/2005/840/ifdp840.pdf , zuletzt geprüft am 22.07.2012

[128] Vgl. Abbildung 12 & 12a Appendix: Aufgrund des niedrigen Zinsniveaus für US-Staatsanleihen und der höheren Verzinsung amerikanische Auslandsinvestitionen ergibt sich für die US-Volkswirtschaft ein positives Investitionssaldo.

des USD und des US-Finanzmarktes im GWFS durch weitreichende Regulierungen, sowie institutionelle Veränderungen auf globaler Ebene zu schwächen.[129] Solange das Vertrauen ausländischer Investoren in den US-Finanzmarkt erhalten bleibt, scheint dieses System der Defizitfinanzierung durch Überschussländer äußerst stabil zu sein. Denn zum einen wird das Verlangen der Emerging Markets nach ausreichend Währungsreserven befriedigt und zum anderen den USA eine konstante Finanzierungsmöglichkeit bereitgestellt. Dass dieses Ungleichgewicht aber keineswegs stabil war, sondern ganz im Gegenteil die Entstehung der Finanzkrise mit verursacht hat, soll der nächste Abschnitt zeigen.

3.2.2. Kapitalflüsse in die USA

Es ist zweifellos richtig, die Hauptursachen der Krise in der ungenügenden Regulierung des US-Finanzmarktes, deren schier unerschöpfliche Innovationskraft immer abstrusere Finanzprodukte zu Tage förderte, die am Ende niemand mehr in seinem vollen Umfang verstand, sowie maßgeblichen Fehlern in der Zentralbankpolitik der Federal Reserve und der hohen Gesamtverschuldung der US-Volkswirtschaft zu suchen. Man muss sich jedoch die Frage stellen, ob nicht möglichweise auch stetig steigende Kapitalzuflüsse[130] aus dem Ausland ihren Anteil an der Krise hatten, indem sie erst den Grundstein für die maßgeblichen Fehlentwicklungen innerhalb des US-Finanzsektors legten. Insofern ist insbesondere zu klären, welchen Einfluss die ausländische Nachfrage nach sicheren US-Anlagenprodukten auf die Entwicklung des langfristigen Zinsniveaus, die Schaffung neuer Finanzprodukte und letztendlich die Stabilität des US-Finanzsystems hatte.

Der vorangegangene Abschnitt hat diesbezüglich bereits bestätigt, dass die hohe Nachfrage vieler Zentralbanken und anderer ausländischer Investoren nach US-Staatsanleihen einen signifikanten Effekt auf deren Zinsniveau hatte. Um dies nochmals zu verdeutlichen zeigt Abbildung 13 sowohl das langfristige, als auch kurzfristige Zinsniveau von US-Staatsanleihen, die Federal Fund Rate der US Federal Reserve und die Zinsen für 30-jährige Hypotheken.[131]

---

[129] Gilpin 2001, S. 256

[130] Kapitalflüsse in die hochentwickelten US-Finanzmärkte sind maßgeblich von der Suche internationaler (öffentlicher) Investoren nach sicheren Finanzprodukten geprägt.;
Vgl. dazu Caballero, Ricardo J. u.a (2011): Financial Crash, Commodity Prices and Global Imbalances. Hg. v. National Bureau of Economic Research (NBER Working Paper Series, 14521).
Online verfügbar unter: http://www.nber.org/papers/w14521 , zuletzt geprüft am 22.07.2012, S.7

[131] Die Federal Fund Rate der Zentralbanken (Leitzinsen), als auch die Zinsen auf Staatsanleihen sind sog. Benchmarkzinssätze, anhand derer sich das Zinsniveau der gesamten Volkswirtschaft orientiert.;
Vgl. dazu Whelan 2010, S. 10

Mit Hilfe der Federal Fund Rate ist es der FED möglich, die kurzfristigen Zinsen nahezu direkt zu steuern, während bei langfristigen Zinsen neben der Terminstruktur der Zinsen[132], weitere auch globale erwartungsspezifische Wirtschaftsfaktoren eine Rolle spielen.[133] Als die FED ab Juli 2004 begann den Leitzins nach einer fast drei Jahre andauernden Phase niedriger Zinsen wieder schrittweise anzuheben, hatte dies wie gewohnt einen Effekt auf die kurzfristigen Zinsen zur Folge.[134] Erstaunlich hingegen ist jedoch, dass der massiven Anhebung der Leitzinsen um über 4 % nur eine äußerst geringe Reaktion (unter 1%) der langfristigen Zinsen folgte.

Dieses Phänomen wurde später auch als „Greenspan conundrum" bezeichnet.[135] Alan Greenspan der damalige Präsident der US-Notenbank, wies in einer Rede daraufhin, dass das Verhalten der langfristigen Zinsen äußerst ungewöhnlich ist und sich mathematisch nicht erklären ließe.[136] Möglichweise lasse sich das niedrige Zinsniveau durch die vermehrte Nachfrage ausländischer Investoren nach US-Staatsanleihen erklären, deutete Greenspan das, was Warnock und Warnock wenige Monate später in ihrer Studie beweisen konnten.[137] Caballero und Krishnamurthy wiesen 2011 in ihrer Studie „Global Imbalance and Financial Fragility"[138] ebenfalls deutlich auf die zinssenkende Wirkung der ausländischen Nachfrage nach US-Staatsanleihen hin. Insofern gilt es zu untersuchen, welche konkreten Folgen das langanhaltende Niedrigzinsniveau innerhalb des US-Finanzmarktes hatte.

Eine Studie des IWF, die den Einfluss internationaler Währungsreserven auf die globale Finanzstabilität untersucht, weist diesbezüglich darauf hin, dass niedrige Benchmarkzinsen möglicherweise ein Hauptgrund für die systematische Unterbewertung von Risiken seitens der Finanzintermediäre sind.[139] Des Weiteren beschreibt Eichengreen, dass die günstige Verfügbarkeit von Liquidität aufgrund des niedrigen Zinsniveaus in den USA zu einer

---

[132] Der Terminstruktur der Zinsen ergibt durch die Grundverzinsung einer Anlage zuzüglich einer von der Laufzeit und anderen Faktoren abhängigen Risikoprämie.

[133] Obstfeld und Rogoff 2009, S. 14

[134] Axilrod, S. H. (2011): Inside the Fed. Monetary policy and its management, Martin through Greenspan to Bernanke. Rev. ed. MIT Press, S. 146-148

[135] Eichengreen 2011, S. 114

[136] Demnach setzt sich die Verzinsung einer 10-jährigen Anleihe aus dem Durschnitt der für die nächsten 10 Jahre erwarteten Zinsen auf 1-jährige Anleihen plus einer Risikoprämie zusammen. Wenn also die kurzfristigen Zinsen steigen, so müssten auch die langfristigen Zinsen in ähnlichen Umfang ansteigen.

[137] Federal Reserve System (Hg.) (2005): FRB: Testimony, Greenspan—-Monetary Policy Report to the Congress, U.S. Senate. Online verfügbar unter: http://www.federalreserve.gov/boarddocs/hh/2005/february/testimony.htm,zuletzt geprüft am 22.07.2012

[138] Caballero, Ricardo J.; Krishnamurthy, Arvind (2011): Global Imbalances and Financial Fragility. Hg. v. National Bureau of Economic Research (NBER Working Paper Series, 14688). Online verfügbar unter: http://www.nber.org/papers/w14688 , zuletzt geprüft am 26.04.2012

[139] Systematische Unterbewertung vor allem von Kreditrisiken; Vgl. dazu Gambacorta, Leonardo (2009): Monetary policy and the risk-taking channel. Hg. v. Bank for International Settlements (BIS Quarterly Review). Online verfügbar unter: http://www.bis.org/publ/qtrpdf/r_qt0912f.pdf , zuletzt geprüft am 22.07.2012

grundlegenden Ausdehnung der Bilanzen, nahezu aller Finanzinstitutionen durch die vermehrte Aufnahme von Fremdkapital führte.[140] Diese Ausdehnung wurde zusätzlich durch den von der Überschussliquidität getrieben Aktienpreisboom[141] begünstigt, denn wenn beispielsweise der Aktienkurs einer Bank steigt, so erhöht sich deren Eigenkapital und die Bank darf sich somit mehr Geld für ihre Finanzgeschäfte leihen.[142] Die systematische Unterbewertung von Risiken und die günstige Verfügbarkeit von Liquidität, führte somit zu einem signifikanten Anstieg der Leverage Ratio[143] vieler US-Finanzinstitute und damit maßgeblich zu einem Anstieg des systemische Risiko innerhalb des Finanzsektors.

Zusätzlich sorgte das niedrige Zinsniveau innerhalb der US-Volkswirtschaft dafür, dass viele institutionelle Anleger, wie z.B. Pensionskassen oder Versicherungen ihre Renditeziele in Gefahr sahen. Fondsmanager mussten somit höhere Risiken eingehen, um die geforderten Erträge überhaupt noch erwirtschaften zu können. Dies steigerte vielfach das Risiko in den Portfolios großer Vermögensverwalter und damit die systemische Instabilität.[144]

Insofern stellt das langanhaltende Niedrigzinsniveau, hervorgerufen durch externe Überschussliquidität, eine ernsthafte Bedrohung für die Finanzstabilität der US-Volkswirtschaft dar. Von wesentlicher Bedeutung bei dieser Entwicklung ist, dass die FED nicht in der Lage war das langfristige Zinsniveau dauerhaft zu steigern und somit die US- Volkswirtschaft vor einer Überhitzung bzw. Blasenbildung zu schützen.

Eine maßgebliche Folge der hohen Liquidität und des niedrigen Zinsniveaus in der US-Volkswirtschaft war der seit dem Jahre 2001 einsetzender Bauboom. Abbildung 15 zeigt den enormen Anstieg privater Wohninvestitionen, der amerikanischen Hauspreise und Immobilienkredite insbesondere im Zeitraum 2001-2006, die ganz deutlich auf eine Blasenbildung, vor allem im privaten Immobiliensektor hinweisen. Mit dem günstigen Zinsumfeld, stetig steigenden Hauspreisen und historisch niedrigen Hypothekenraten stieg auch die Nachfrage nach Immobilienkrediten derer, deren Bonität unter „normalen Umständen" die Vergabe eines Immobilienkredites nicht zugelassen hätte.[145] Die angesprochene systematische Unterbewertung von Risiken, bedingt durch das niedrige Zinsumfeld verleitete Banken zunehmend auch an diese Kundengruppe Kredite zu vergeben, weil sich hier plötzlich, aufgrund neuer Finanzprodukte im Bereich der Verbriefung große Ertragschancen boten, die gleichzeitig das

---

[140] Niedrige Benchmarkzinsen begünstigen die Geldaufnahme der Banken, die damit ihre kreditfinanzierten Finanzgeschäfte ausweiten können und somit ihre Bilanz ausdehnen.
[141] Vgl. Abbildung 14 Appendix: Anstieg des Standard & Poors Index von 07.2003-07.2007
[142] Die Bankenregulierung verlangt eine gewisse Eigenkapitalquote bei Finanzgeschäften, d.h. steigt das Eigenkapital der Bank, so kann diese bspw. mehr riskante Kredite vergeben. ; Vgl. dazu Eichengreen 2011, S. 113
[143] Als Leverage Ratio wird das Verhältnis zwischen der Bilanzsumme einer Bank und deren Eigenkapital bezeichnet .
[144] Eichengreen 2011, S. 113
[145] Caballero 2011, S. 3

Risiko für die Bank überschaubar hielten.[146] Borio beschreibt diese weitreichende Veränderung im Finanzsystem wie folgt, *„At a structural level in the financial system, recent years had seen an acceleration of financial innovation. The main manifestation had been the extraordinary expansion of credit risk transfer instruments, which permitted the transfer, hedging and active trading of credit risk as a separate asset class."*[147]

So wurden vielfach sog. „Subprime" Loans bzw. Mortages[148] vergeben, deren Risiken dann mit Hilfe der speziellen Anlageklasse von Asset- Backed-Securities gebündelt und an Investoren weiterverkauft wurden.

Caballero beschreibt die Entstehung solcher strukturierten Finanzprodukte aus dem Blickwinkel des GWFS indem er eine Verbindung zur hohen ausländischen Nachfrage nach sicheren Anlageprodukten in den USA herstellt.[149] Abbildung 16 zeigt zunächst den massiven Anstieg der US-Finanzanlagen, die von Ausländern gehalten werden. Betrachtet man die Zuflüsse in die einzelnen Finanzanlagen so fällt auf, dass zunächst die Nachfrage nach Aktien bzw. Direktinvestitionen bis zur Jahrtausendwende konstant gestiegen ist. Dieser enorme Zufluss vor allem in High-Tech-Aktien war sicherlich einer der Entstehungsfaktoren der Dot-Com-Blase im Jahre 2000. Nach Platzen der Blase ist eine relativ starke Abkehr internationaler Investoren von Aktien und Direktinvestitionen hin zu öffentlichen aber auch privaten Schuldtitel zu erkennen.[150]

Die Analyse Caballero´s belegt, dass nach den Krisen der 1990er Jahre vor allem deswegen so viel ausländisches Kapital in die USA geflossen ist, weil die Finanzmärkte vieler aufstrebender Volkswirtschaften nicht in der Lage waren sichere Anlagen zu produzieren, hinzu kommt noch die zusätzliche Nachfrage der Zentralbanken, die ihre massiven Dollarreserven sicher anlegen wollten. Diese permanente Nachfrage nach sicheren, qualitativ hochwertigen Anlagen erzeugte Druck auf die US-Finanzmärkte, dem diese mit der angesprochenen Verbriefung zunehmend qualitativ schlechterer Finanzanlagen begegneten. Der enorme „safe-asset-demand" ausländischer aber auch amerikanischer Investoren stellte eine noch nie

---

[146] Die Gruppe der sog. Assed-Backed-Securities ermöglichen es Banken verschiedenste Risiken beispielsweise aus Kreditkontrakten zu bündeln und als Wertpapier weiterzuverkaufen (Risikotransferprodukte). Dieser Verkauf läuft über Zweckgesellschaften (sog. Special Purpose Vehicles), die die Kreditforderungen der Banken übernehmen, die daraufhin aus den Bilanzen der Banken verschwinden. Durch diesen Prozess der Verbriefung (Securitization) entstehen strukturierte Finanzprodukte, bei denen es möglich ist, dass das entstandene Wertpapier durch ein Rating qualitativ höher eingeschätzt wird, als die zugrundliegenden Forderungen es eigentlich implizieren würden.; Vgl. dazu Caballero 2010, S. 14–15

[147] Borio, Claudio (2008): The financial turmoil of 2007-?: a preliminary assessment and some policy considerations, March 2008. Hg. v. BIS - Bank for International Settlements, zuletzt geprüft am 06.05.2012, S.4

[148] Kredite bzw. Hypotheken bei denen die Bonität des Schuldners als schlecht einzustufen ist und das Risiko eines Zahlungsausfalles wesentlich höher ist.

[149] Caballero et al. 2008

[150] Caballero 2010, S. 18

dagewesene Ertragschance für die US-Finanzindustrie dar. Aus diesem Grund wurde die Verbriefung immer exzessiver betrieben, bis sich letztendlich die Fülle an neuartigen und äußerst komplexen Finanzprodukte (z.B. collateralized debt obligations – „CDOs" [151]) zu einem systemischen Risiko höchsten Ausmaßes entwickelte, denn die Annahme der Investoren, die neuen strukturierten Finanzprodukte seien genauso sicher wie US-Staatanleihen, stellte sich als maßgebliche Fehleinschätzung heraus.[152] Letztendlich trug somit die hohe ausländische Nachfrage nach sicheren US-Anlageprodukten maßgeblich zur Entstehung vieler toxischer Wertpapiere bei.[153]

Als immer mehr Schuldner in Zahlungsverzug kamen, die Hauspreise plötzlich rapide fielen und die Banken bzw. Zweckgesellschaften immer mehr Kredite bzw. Hypotheken abschreiben mussten,[154] kollabierte dieses überaus komplizierte System, dessen Instabilität im Vorfeld der Krise stetig angewachsen war und löste damit eine Kettenreaktion aus, die den US-Finanzsektor in eine tiefe Krise stürzte. Die Kombination aus enormer Überschussliquidität im US-Finanzmarkt, niedrigen Zinsen und der verstärkten Tendenz zur Unterbewertung bzw. Verschleierung von Risiken durch neuartige Finanzprodukte war somit auch ein wesentlicher Faktor für die Entstehung der globalen Finanzkrise.[155]

Sicherlich hätten die systemischen Ursprünge der Krise, wie falsche Systemanreize, begünstigt durch lückenhafte Regulierung und Fehler in der Zentralbankpolitik der FED, auch ohne das zusätzliche Geld aus dem Ausland früher oder später zu einer Krise geführt. Sicher ist jedoch, dass die massiven Fehleinschätzungen bzw. Unterbewertungen von Risiken, der überhitzte amerikanische Häusermarkt und letztendlich die Flut an toxischen Wertpapieren ohne ausländische Kapitalströme und das massive US-Leistungsbilanzdefizit nicht in diesem Ausmaße entstanden wären. Des Weiteren haben die Prozesse der Financial Globalization und FMI innerhalb des GWFS zu einem weltweiten Abbau der Finanzmarktregulierung, sowie einem enorm verschärften Wettbewerb im internationalen Bankensektor beigetragen und somit die Basis für weitere Exzesse innerhalb des Finanzsektors gelegt.

Es bleibt daher festzuhalten, dass die nachgewiesenen Risikofaktoren des GWFS einen nicht zu unterschätzenden Anteil an der Entstehung der US-Finanzkrise und der darauf aufbauenden globalen Finanz- und Wirtschaftskrise hatten.[156]

---

[151] Das globale Volumen von CDO-Kontrakten wuchs 185 Milliarden USD im Jahre 2000 auf 1,3 Billionen im Jahre 2007 an, dies entspricht einer Steigerung um das Siebenfache.; Vgl. dazu Caballero 2010, S. 14
[152] Eichengreen 2011, S. 97
[153] Caballero und Krishnamurthy 2011, S. 3
[154] Vgl. Abbildung 18 Appendix
[155] Commission of Experts of the President of the United Nations General Assembly 2009, S. 24
[156] Eichengreen 2011, S. 118

Ausblick

Nachdem diese Arbeit deutlich feststellen konnte, dass die Beschaffenheit und die Entwicklungen innerhalb des GWFS maßgeblichen Anteil an der Entstehung großer Krisen der letzten zwanzig Jahre hatte, muss man sich fragen, wie es gelingen kann, dieses internationale System krisenfester zu gestalten.

Diesbezüglich bemerkt die Expertenkommission der VN: „*Ensuring global financial stability to support economic stability is a global public good. In a world of financial and economic integration, a failure in the financial system of one large country (or even a moderately sized one) can exert large negative externalities on others. This was brought home in the 1997-1998 global financial crisis as fears of "contagion" became widespread. [...] the present crisis has made these "cross-border spillovers" particularly evident, as the failure of the U.S. to regulate its financial markets adequately has had global consequences. That is why a discussion of regulation is not just a matter that can or should be left to national authorities. There has to be global coordination..*"[157]

Unglücklicherweise hat die Vergangenheit gezeigt, dass viel zu oft einzelne Länder das GWFS als globales öffentliches Gut ausnutzen, um sich für das eigene Land Vorteile zu verschaffen. Viel zu oft stehen somit Eigeninteressen der Staaten im Vordergrund, indem negative Externalitäten aus dem eignen wirtschaftspolitischen Handeln auf andere Nationen abgewälzt werden.[158] Diese Externalitäten trugen in vielfältiger Form zur Instabilität des GWFS bei. Mit dem GWFS ist ein Gebilde entstanden, welches sich durch eine stetig steigende Vernetzung und Interdependenz unter den einzelnen Ländern auszeichnet, dem es aber an tiefgreifenden, allgemein verbindlichen Regeln fehlt, die das Handel der Akteure innerhalb des Systems bestimmt. So weist die Kommission der VN weiter daraufhin, dass „*Global economic integration ("economic globalization") has outpaced the development of the appropriate political institutions and arrangements for governance of the global economic system.*"[159]

Insofern ist es geboten einen internationalen Konsens zur Stabilisierung des GWFS durch allgemein anerkannte, für alle Staaten verbindlichen Regelungen zu finden.

Diese Regelungen müssten die Bereiche der internationalen Finanzmarktregulierung und Bankenaufsicht, sowie Zentralbank- und Währungspolitik beinhalten. Die Reduktion globaler

---

[157] Commission of Experts of the President of the United Nations General Assembly 2009, S. 51
[158] Beispiel: Die Entscheidung vieler asiatischer Staaten nach der Asienkrise ihre Währung zu fixieren, führt dazu, dass diese Länder einen enormen Wettbewerbsvorteil gegenüber Ländern haben, die ihre Währung frei floaten lassen.
[159] Commission of Experts of the President of the United Nations General Assembly 2009, S. 88

Ungleichgewichte in den Leistungsbilanzen und der Finanzmarktentwicklung steht dabei im Vordergrund. Aufstrebende Volkswirtschaften sollten somit kontinuierlich an der Stärkung und Entwicklung ihrer Finanzmärkte arbeiten, um dem Aufbau von Ungleichgewichten vorzubeugen. Der IWF muss sich meiner Meinung nach weg von einer reinen Hilfs- und Stabilisierungsinstanz, hin zu einer zentralen Kontrollinstitution innerhalb des GWFS entwickeln. Deshalb darf der IWF nicht erst im Falle von bestehenden Instabilitäten eingreifen, sondern muss prinzipiell den Aufbau dieser Instabilitäten durch die Kontrolle und Durchsetzung neuer internationalen Regelungen verhindern.

Im Verlaufe dieser Arbeit wurde mehrmals die Rolle des USD als Weltreservewährung und dessen Auswirkung auf die globale Finanzstabilität beleuchtet. Um das GWFS dauerhaft zu stabilisieren, braucht es meiner Meinung nach auch eine grundlegende Reform hin zu einer globalen Reservewährung. Diese globale Reservewährung, ausgegeben von einer unabhängigen internationalen Institution, wäre von der Geldpolitik der einzelnen Staaten losgelöst und müsste sich lediglich an der globalen Liquiditätsnachfrage orientieren. Zudem könnte die Ausgabe einer Reservewährung an ganz bestimmte Regeln gebunden werden, die in Verbindung mit der angesprochenen Stärkung unterentwickelter Finanzmärkte zu einer allgemeinen Reduktion der enormen Reservepositionen einzelner Länder führen könnte und somit auch die massive Anhäufung internationalen Kapitals innerhalb einer einzigen Volkswirtschaft verhindern würde.[160]

Beispielhaft für diese Fülle von Reformen könnten die Ideen von John Maynard Keynes zur Bildung einer Internationalen Clearing Union aus dem Jahre 1944 sein, dessen Umsetzung am politischen und ökonomischen Gewichtes der USA scheiterte, die stattdessen ein vom USD dominiertes GWFS etablieren wollten.

Insofern sind solche Reformen immer abhängig von der internationalen Kooperation, bei der nicht die Wahrung der Eigeninteressen, sondern übergeordnet, die Stabilität des globalen Systems und somit das Gemeinwohl aller Nationen im Vordergrund stehen muss. Leider scheint dieser Gedanke von Global Governance bislang wenig realistisch und so wird es noch viele Jahre dauern, bis sich die visionären Ideen zur Stabilisierung unseres GWFS durchsetzen können. Wir sollten jedoch heute damit anfangen, öfters außerhalb der vorgegebenen Muster und Ansätze zu denken, um im Allgemeininteresse Ideen für eine stabilere Weltwirtschaft entwickeln zu können.

---

[160] Bsp. Konzentration international Kapitals in den USA vor der Finanzkrise 2007

Literaturverzeichnis

Akinari Horii (1986): The evolution of reserve currency diversification -.
Hg. v. BIS - Bank for International Settlements. Online verfügbar unter :
http://www.bis.org/publ/econ18.pdf , zuletzt geprüft am 07.06.2012.

Aliber, Robert Z.; Kindleberger, Charles Poor (2011): Manias, panics, and crashes. A history
of financial crises. 6. Aufl. New York: Palgrave Macmillan.

Axilrod, S. H. (2011): Inside the Fed. Monetary policy and its management, Martin through
Greenspan to Bernanke. Rev. ed. Cambridge, Mass: MIT Press.

Bakker, Age F. P.; van Herpt, Ingmar R. Y. (Hg.) (2007): Central bank reserve management.
New trends, from liquidity to return. Cheltenham: Elgar.

Blanchard, Olivier J.; Milesi-Ferretti, Gian Maria (2009): Global Imbalances: In Midstream?
Hg. v. IMF (IMF Staff Position Note, SPN/09/29), Online verfügbar unter :
http://www.imf.org/external/pubs/ft/spn/2009/spn0929.pdf
zuletzt geprüft am 22.07.2012.

Borio, Claudio (2008): The financial turmoil of 2007-?: a preliminary assessment and some
policy considerations, March 2008. Hg. v. BIS - Bank for International Settlements
(BIS Working Papers, 251), Online verfügbar unter :
http://www.bis.org/publ/work251.pdf ,zuletzt geprüft am 22.07.2012.

Caballero, Ricardo J. (2010): The "other" imbalance and the financial crisis. Hg. v. National
Bureau of Economic Research. Cambridge,MA (NBER Working Paper Series 15636).
Online verfügbar unter http://www.nber.org/papers/w15636 ,
zuletzt geprüft am 22.07.2012.

Caballero, Ricardo J. u.a (2011): Financial Crash, Commodity Prices and Global Imbalances.
Hg. v. National Bureau of Economic Research (NBER Working Paper Series 14521).
Online verfügbar unter http://www.nber.org/papers/w14521,
zuletzt geprüft am 22.07.2012.

Caballero, Ricardo J.; Farhi, Emmanuel; Gourinchas, Pierre-Olivier (2008): An Equilibrium
Model of "Global Imbalances" and Low Interest Rates.
In: *American Economic Review* (98 (1)), S. 358–393. Online verfügbar unter:
http://www.aeaweb.org/articles.php?doi=10.1257/aer.98.1.358 ,
zuletzt geprüft am 22.07.2012.

Caballero, Ricardo J.; Farhi, Emmanuel; Hammour, Mohamad L. (2005): Speculative
Growth. Hints from the US Economy. Hg. v. National Bureau of Economic Research
(NBER Working Paper Series 10518). Online verfügbar unter:
http://www.nber.org/papers/w10518 , zuletzt geprüft am 22.07.2012.

Caballero, Ricardo J.; Krishnamurthy, Arvind (2005): Bubbles and Capital Flow Volatility:
Causes and Risk Management. Hg. v. National Bureau of Economic Research (NBER
Working Paper Series 11618). Online verfügbar unter:
http://www.nber.org/papers/w11618 zuletzt geprüft am 22.07.2012.

Caballero, Ricardo J.; Krishnamurthy, Arvind (2011): Global Imbalances and Financial Fra gility. Hg. v. National Bureau of Economic Research (NBER Working Paper Series 14688). Online verfügbar unter http://www.nber.org/papers/w14688 , zuletzt geprüft am 26.04.2012.

Calvo, Guillermo A. u.a (2011): Inflows of Capital to Developing Countries in the 1990s. In: Hans Visser (Hg.): Financial globalization and economic performance. Chelten ham: Elgar (An Elgar research collection, 261), S. 311–327.

Campanella, Edoardo (2010): The Triffin Dilemma Again. Online verfügbar unter: http://dx.doi.org/10.5018/economics-ejournal.ja.2010-25 , zuletzt geprüft am 22.07.2012.

Capie, Forrest; Goodhart, Charles (1994): The future of central banking. The tercentenary symposium of the Bank of England. Cambridge: Cambridge Univ. Press.

Chang, Robert; Velasco, Andres (2001): A model of currency crises in emerging markets. In: *The Quarterly Journal of Economics* (116), S. 489–517. Online verfügbar unter: http://qje.oxfordjournals.org/content/116/2/489.full.pdf , zuletzt geprüft am 25.07.2012.

Chinn, Menzie D.; Eichengreen, Barry J.; Ito, Hiro (2011): A Forensic Analysis of Global Imbalances. Hg. v. National Bureau of Economic Research (NBER Working Paper Series 17513). Online verfügbar unter: http://www.nber.org/papers/w17513 , zuletzt aktualisiert am 05.12.2011, zuletzt geprüft am 14.05.2012.

Commission of Experts of the President of the United Nations General Assembly (2009): Report of the Commission of Experts on Reforms of the International Monetary and Financial System. Hg. v. United Nations. Online verfügbar unter: http://www.un.org/ga/econcrisissummit/docs/FinalReport_CoE.pdf , zuletzt aktualisiert am 19.09.2009, zuletzt geprüft am 22.07.2012.

Coulibaly, Brahima; Millar, Jonathan: The Asian financial crisis, uphill flow of capital, and global imbalances. Evidence from a micro study. Hg. v. Federal Reserve. Washing ton, D.C (International Finance Discussion Papers, 942). Online verfügbar unter: http://www.federalreserve.gov/pubs/ifdp/2008/942/ifdp942.pdf , zuletzt geprüft am 22.07.2012.

Crowe, Christopher; u.a. (Hg.) (2010): Macrofinancial linkages. Trends, crises, and policies. International Monetary Fund. Washington, D.C: International Monetary Fund.

Daniels, Joseph P.; VanHoose, David D. (2002): International monetary and financial eco nomics. 2. Aufl. Cincinnati, Ohio: South-Western/Thompson Learning.

Dell 'Ariccia, Giovanni; u. a. (2010): Reaping the Benefits of Financial Globalization. In: Christopher Crowe und u.a. (Hg.): Macrofinancial linkages. Trends, crises, and policies. Washington, D.C: International Monetary Fund, S. 229–272.

Dieter, Heribert (1999): Die Asienkrise. Ursachen, Konsequenzen und die Rolle des Internati onalen Währungsfonds. 2. Aufl. Marburg: Metropolis-Verl.

Dunaway, Steven Vincent (2009): Global imbalances and the financial crisis. Hg. v. Center for Geoeconomic Studies Council on Foreign Relations. Washington, D.C (Council Special Report, 44).

Eichengreen, Barry J. (2007): Global imbalances and the lessons of Bretton Woods. Cambridge, Mass. ; London: MIT (Cairoli lecture series).

Eichengreen, Barry J. (2011): Exorbitant privilege : the rise and fall of the dollar. Oxford [u.a.]: Oxford Univ. Press.

FED (Hg.) (2005): FRB: Speech, Bernanke — The Global Saving Glut and the U.S. Current Account Deficit –March 10, 2005. Online verfügbar unter: http://www.federalreserve.gov/boarddocs/speeches/2005/200503102/ , zuletzt aktualisiert am 17.02.2011, zuletzt geprüft am 22.07.2012.

Federal Reserve System (Hg.) (2005): FRB: Testimony, Greenspan—-Monetary Policy Report to the Congress, U.S. Senate. Online verfügbar unter: http://www.federalreserve.gov/boarddocs/hh/2005/february/testimony.htm , zuletzt aktualisiert am 17.02.2005, zuletzt geprüft am 22.07.2012.

Flood, Robert; Marion, Nancy (2002): Holding International Reserves in an Era of High Capi tal Mobility - WP/02/62 (IMF Working Paper). Online verfügbar unter: http://www.imf.org/external/pubs/ft/wp/2002/wp0262.pdf , zuletzt aktualisiert am 23.04.2002, zuletzt geprüft am 30.05.2012.

Frenkel, Michael (1998): Recent Balance of Payments Crises in East Asia. In: Menkhoff, Lukas (Hg.): Asian financial markets. Structures, policy issues and pro-spects. Baden-Baden: Nomos-Verl.-Ges, S. 45–60.

Fried, Jonathan T.; Haley, James A. (2010): Crisis Prevention. Lessons from Emerging Mar kets for Advanced Economies. In: Mario Giovanoli und Diego Devos (Hg.): Interna tional monetary and financial law. The global crisis. Oxford: Oxford Univ. Press, S. 69–95.

Gambacorta, Leonardo (2009): Monetary policy and the risk-taking channel. Hg. v. Bank for International Settlements (BIS Quarterly Review). Online verfügbar unter: http://www.bis.org/publ/qtrpdf/r_qt0912f.pdf , zuletzt geprüft am 22.07.2012.

Gilpin, Robert (2001): Global political economy. Understanding the international economic order. Princeton, NJ: Princeton Univ. Press (Princeton paperbacks).

Giovanoli, Mario; Devos, Diego (Hg.) (2010): International monetary and financial law. The global crisis. Oxford: Oxford Univ. Press.

Griffith-Jones, Stephany (1998): Global capital flows. Should they be regulated? Basingstoke: Macmillan.

Haldane, Andrew G. (Hg.) (2004): Fixing financial crises in the twenty-first century. London: Routledge.

Helleiner, Eric (2011): The Evolution of the International Monetary and Financial System. In: John Ravenhill (Hg.): Global political economy. 3. Aufl. Oxford: Oxford Univ. Press, S. 215–243.

Herring, Richard J. (Hg.) (1983): Managing foreign exchange risks. Essays commissioned in honour of the centenary of the Wharton School, University of Pennsylvania. Cambridge: Cambridge University Press.

Higgins, Mathew; Klitgaard, Thomas: Reserve Accumulation: Implications for Global Capital Flows and Financial Markets, Online verfügbar unter: http://www.newyorkfed.org/research/current_issues/ci10-10.html zuletzt geprüft am 22.07.2012.

IMF (Hg.) (2010): Global liquidity expansion: effects on "receiving" economies and policy response economies and policy response options); April 2010. (Global Financial Stability Report (GFSR, 01/2010). Online verfügbar unter: http://www.imf.org/external/pubs/ft/gfsr/2010/01/pdf/chap4.pdf , zuletzt geprüft am 22.07.2012.

IMF Policy Papers (2010): Reserve Accumulation and International Monetary Stability. Hg. v. IMF (IMF Policy Papers). Online verfügbar unter: http://www.imf.org/external/np/pp/eng/2010/041310.pdf , zuletzt aktualisiert am 04.06.2010, zuletzt geprüft am 22.07.2012.

Investopedia (Hg.): Market Depth Definition. Online verfügbar unter: http://www.investopedia.com/terms/m/marketdepth.asp#axzz1wjP0WNqr , zuletzt geprüft am 22.07.2012.

Kaminsky, Graciela L.; Reinhart, Carmen M. (1997): The Twin Crises: The Causes of Bank ing and Balance-of-Payments Problems. Hg. v. Board of Governors of the Federal Reserve System (International Finance Discussion Papers, 544). Online verfügbar unter: http://www.federalreserve.gov/pubs/ifdp/1996/544/ifdp544.pdf , zuletzt geprüft am 22.07.2012.

Karmann, Alexander (Hg.) (2000): Financial structure and stability. Workshop. Heidelberg: Physica-Verl (Contributions to economics).

Kindleberger, Charles Poor (1989): International capital movements. Based on the Marshall Lectures given at the University of Cambridge 1985. Cambridge: Cambridge Univ. Press.

Kolb, Robert W. (Hg.) (2010): Lessons from the financial crisis. Causes, consequences, and our economic future. N.J: Wiley; Chichester

Kose, M. Ayhan u.a (2010): Finacial Globalization. A Reappraisal. In: Christopher Crowe und u.a. (Hg.): Macrofinancial linkages. Trends, crises, and policies. Washington, D.C: International Monetary Fund, S. 273–322.

Kraay, Aart; Ventura, Jaume (2005): The Dot-Com Bubble, The Bush Deficits and the U.S. Current Account. Hg. v. National Bureau of Economic Research (NBER Working Paper Series 11543). Online verfügbar unter: http://www.nber.org/papers/w11543 , zuletzt geprüft am 22.07.2012.

Krishnamurthy, Arvind; Vissing-Jorgensen, Annette: The Aggregate Demand for Treasury Debt. Online verfügbar unter http://www.kellogg.northwestern.edu/faculty/krisharvind/papers/demandtreas.pdf , zuletzt geprüft am 22.07.2012.

Krugman, Paul R. (2009): The return of depression economics and the crisis of 2008. New York ; London: W. Norton & Company, zuletzt geprüft am 22.07.2012.

Krugman, Paul R.; Obstfeld, Maurice; Melitz, Marc J. (2012): International economics. Theory & policy. 9. Aufl. Harlow: Pearson Education (The Pearson series in economics).

Levy, Haim; Sarnat, Marshall (1983): International Portfolio Diversification. In: Richard J. Herring (Hg.): Managing foreign exchange risks. Essays commissioned in honour of the centenary of the Wharton School, University of Pennsylvania. Cambridge: Cambridge University Press, S. 115–142.

Makin, Anthony J. (2009): Global Imbalances, Exchange Rates and Stabilization Policy. Basingstoke: Palgrave Macmillan.

Markowitz, Harry (1952): Portfolio Selection. In: *THE JOURNAL OF FINANCE* Vol. 7 (1), S. 77–91. Online verfügbar unter: http://www.jstor.org/stable/pdfplus/2975974.pdf?acceptTC=true , zuletzt geprüft am 22.07.2012.

Marquardt, Dirk Steffen (1998): Financial markets performance. Theory and empirical evidence. Bern [etc.]: Bern.

Mateos y Lago, Isabelle; Duttagupta, Rupa; Goyal, Rishi (2009): The Debate on the Interna tional Monetary System (IMF Staff Position Note, 09/26). Online verfügbar unter: http://www.imf.org/external/pubs/ft/spn/2009/spn0926.pdf , zuletzt geprüft am 22.07.2012.

Mendoza, Enrique G.; Quadrini, Vincenzo; Rios-Rull, Jose-Victor (2007): Financial Integra tion, Financial Deepness and Global Imbalances. Hg. v. National Bureau of Economic Research (NBER Working Paper Series 12909). Online verfügbar unter: http://www.nber.org/papers/w12909.pdf?new_window=1 , zuletzt geprüft am 22.07.2012.

Menkhoff, Lukas (Hg.) (1998): Asian financial markets. Structures, policy issues and pro spects. HWWA-Institut für Wirtschaftsforschung. Baden-Baden: Nomos-Verl.-Ges.

National Commission on the Causes of the Financial and Economic Crisis in the United States (Hg.) (2011): The financial crisis inquiry report. Final report of the National Commis sion on the Causes of the Financial and Economic Crisis in the United States. Online verfügbar unter http://www.gpo.gov/fdsys/pkg/GPO-FCIC/pdf/GPO-FCIC.pdf zuletzt geprüft am 22.07.2012.

Obstfeld, Maurice (1998): The Global Capital Market: Benefactor or Menace? Online verfügbar unter http://elsa.berkeley.edu/~obstfeld/jeprev.pdf , zuletzt geprüft am 03.06.2012.

Obstfeld, Maurice (2011): Financial Flows, Financial Crises, and Global Imbalances. Online verfügbar unter http://emlab.berkeley.edu/~obstfeld/JIMF2011.pdf , zuletzt geprüft am 25.04.2012.

Obstfeld, Maurice; Rogoff, Kenneth (2009): Global imbalances and the financial crisis. Prod ucts of common causes. London: Centre for Economic Policy Research (Discussion paper series / Centre for Economic Policy Research, 7606). Online verfügbar unter: http://elsa.berkeley.edu/~obstfeld/santabarbara.pdf , zuletzt geprüft am 22.07.2012.

Obstfeld, Maurice; Shambaugh, Jay C.; Taylor, Alan M. (2009): Financial Stability, the Tri lemma, and International Reserves. Online verfügbar unter: http://www.economics.ku.edu/seminars/Friday/papers%280708%29/Nov30.pdf , zuletzt geprüft am 22.07.2012.

Obstfeld, Maurice; Taylor, Alan M. (2004): Global capital markets. Integration, crisis, and growth. Cambridge, UK ; New York: Cambridge University Press.

Persaud, Avinash (2007): The Politics and Micro-Economics of Global Imbalances. In: Age F. P. Bakker und Ingmar R. Y. van Herpt (Hg.): Central bank reserve man agement. New trends, from liquidity to return. Cheltenham: Elgar, S. 37–45.

Pringle, Robert (2011): Foreign lending revisited 1880-1980. In: Hans Visser (Hg.): Financial globalization and economic performance. Cheltenham: Elgar (An Elgar research collection, 261), S. 1–24.

Ravenhill, John (Hg.) (2011): Global political economy. 3. Aufl. Oxford: Oxford Univ. Press.

Reinhart, Carmen M.; Rogoff, Kenneth S. (2011): This time is different. Eight centuries of financial folly. 13. print. Princeton, NJ: Princeton Univ. Press.

Triffin, Robert (1960): Gold and the Dollar Crisis. The future of Convertibility. New Haven: Yale University Press.

Visser, Hans (Hg.) (2011): Financial globalization and economic performance. Cheltenham: Elgar (An Elgar research collection, 261).

Wagner, Helmut (2000): Effect of globalization on national monetary policy. In: Alexander Karmann (Hg.): Financial structure and stability. Heidelberg: Physica-Verl (Contributions to economics), S. 34–52.

Walter, Norbert (2009): Vom Segen der Finanzmärkte. Online verfügbar unter: http://www.kas.de/wf/doc/kas_15560-544-1-30.pdf?090227113323 , zuletzt aktualisiert am 27.01.2009, zuletzt geprüft am 22.07.2012.

Warnock, Francis E.; Warnock, Veronica Cacdac (2005): International Capital Flows and U.S. Interest Rates. Online verfügbar unter: http://www.federalreserve.gov/pubs/ifdp/2005/840/ifdp840.pdf , zuletzt geprüft am 22.07.2012.

Whelan, Karl (2010): Global Imbalances and the Financial Crisis. Hg. v. European Parliament (Economic and Monetary Affairs), Online verfügbar unter: http://www.europarl.europa.eu/document/activities/cont/201003/20100309ATT70296/20100309ATT70296EN.pdf , zuletzt geprüft am 22.07.2012.

World Economic Forum (Hg.) (2011): The Financial Development Report 2011. Online verfügbar unter: http://www3.weforum.org/docs/WEF_FinancialDevelopmentReport_2011.pdf , zuletzt geprüft am 22.07.2012.

Xafa, Miranda (2007): Global Imbalances and Financial Stability. Hg. v. IMF (IMF Working Paper). Online verfügbar unter: http://www.imf.org/external/pubs/ft/wp/2007/wp07111.pdf , zuletzt geprüft am 02.05.2012.

Xiaochuan, Zhou (2009): Reform the international monetary system. Hg. v. BIS - Bank for International Settlements. Online verfügbar unter: http://www.bis.org/review/r090402c.pdf?frames=0 , zuletzt aktualisiert am 02.04.2009, zuletzt geprüft am 22.07.2012.

Appendix

Abbildung 1: Board of Governors Monetary Base (Not Seasonally Adjusted)

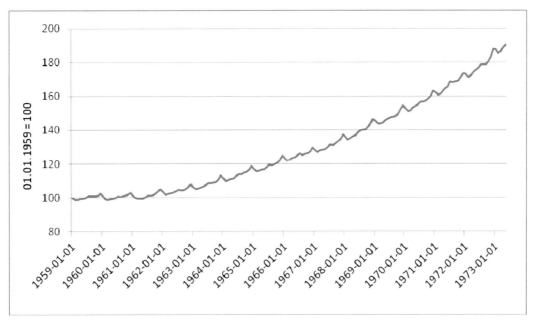

Eigene Darstellung / Quelle: Eigene Berechnung, Board of Governors of the Federal Reserve System

Abbildung 2: Nominal Major Currencies Dollar Index

Eigene Darstellung/ Quelle: Board of Governors of the Federal Reserve System

Abbildung 3: Wert der Finanztransaktionen einer Volkswirtschaft

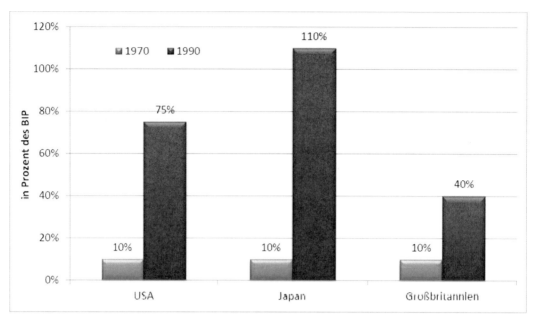

Eigene Darstellung / Quelle: Bank of International Settlements (BIS)

Abbildung 4: Total Financial Assets USA

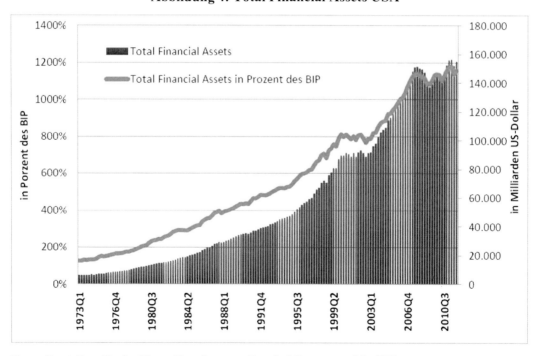

Eigene Darstellung/Quelle: Eigene Berechnungen, Board of Governors of the FED

Abbildung 5: Anteil der wichtigsten Reservewährungen an Weltwährungsreserven[161]

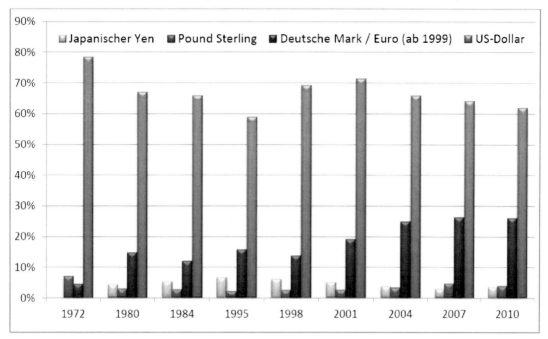

Eigene Darstellung / Quelle: Eigene Berechnungen, (Akinari Horii 1986, S. 7); IWF COFER 2012

Abbildung 6: Wechselkursentwicklung[162] **während der Asienkrise**

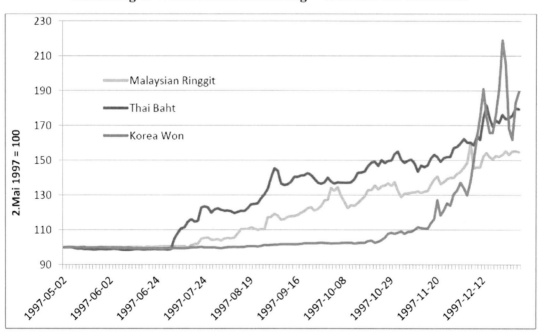

Eigene Darstellung / Quelle: Eigene Berechnungen, Board of Governors of the FED

---

[161] Für die Erhebung wurde der Anteil an Reserven herangezogen, der in einer bestimmten Währung gemeldet wurden. Ca. 30-40% der Weltwährungsreserven fallen unter die Kategorie „Unallocated reserves".

[162] Wechselkurse beziehen sich auf das Verhältnis zum USD (z.B. Ringgit/USD), demzufolge bedeutet ein Anstieg eine Abwertung der asiatischen Währung im Vergleich zum USD.

Abbildung 6a: Verhältnis des chinesischen Renminbi zum USD (RMB/USD)

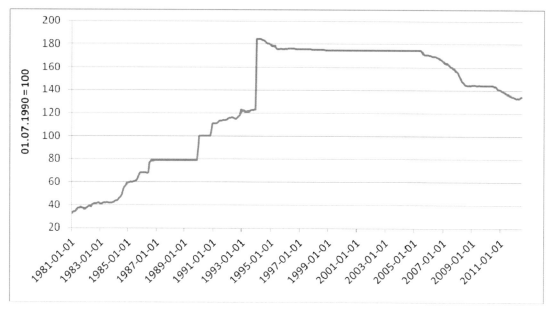

Eigene Darstellung / Quelle: Eigene Berechnungen, Board of Governors of the FED

Abbildung 7: Durchschnittswachstum, durchschnittlicher Exportzuwachs & Leistungsbilanzsaldo für Indonesien, Korea, Malaysia, Thailand

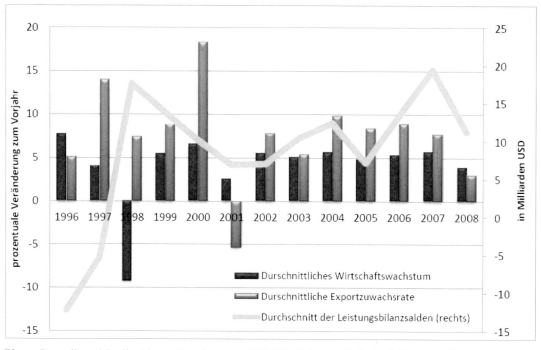

Eigene Darstellung / Quelle: Eigene Berechnungen, IWF World Economic Outlook Database 2012

Abbildung 7a: Bruttonationalsparquote[163] der USA und Developing Asia

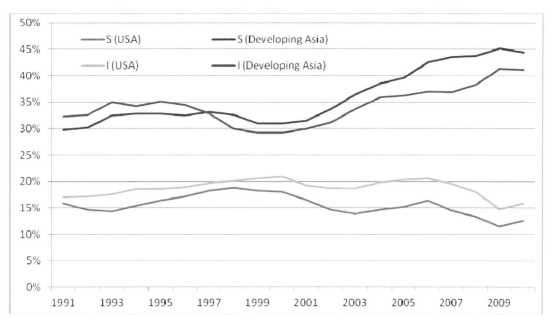

Eigene Darstellung / Quelle: IWF World Economic Outlook Database 2012

Abbildung 8: Reservehaltung in Emerging and Developing Economies[164]

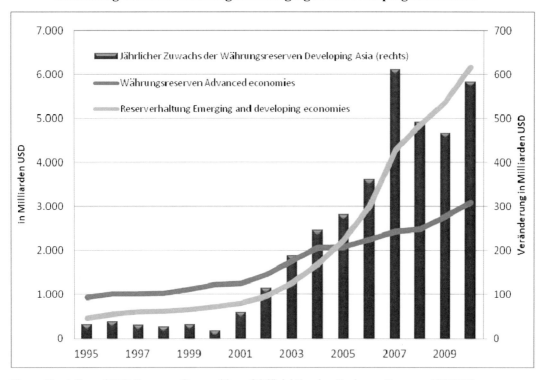

Eigene Darstellung / IWF Currency Composition of Official Foreign Exchange Reserves (COFER)

---

[163] Gem. der Definition der IWF; Vgl. dazu:
    http://www.imf.org/external/pubs/ft/weo/2012/01/weodata/weoselser.aspx?c=111&t=1#sNGSD_NGDP
[164] Umfasst 150 Länder; vgl. dazu: http://www.imf.org/external/pubs/ft/weo/2012/01/weodata/weoselagr.aspx

Abbildung 9: Entwicklung Reserveposition der Republik Korea

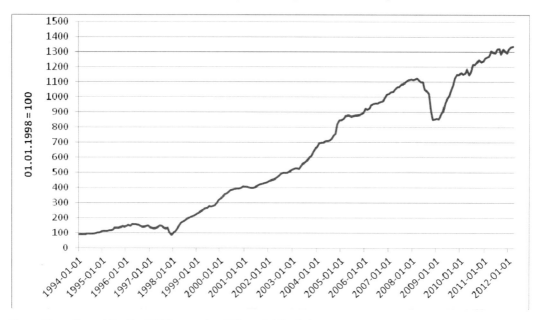

Eigene Darstellung / Quelle: IWF International Financial Statistic

Abbildung 10: Leistungsbilanzsalden USA & Developing Asia[165]

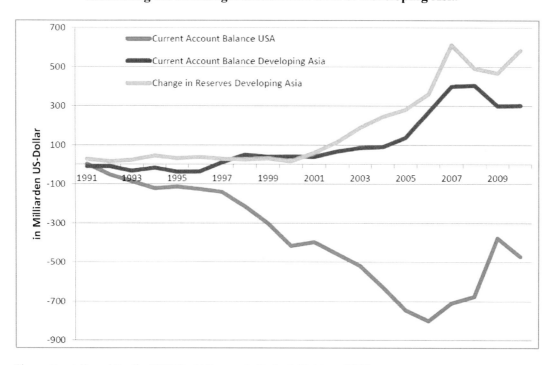

Eigene Darstellung / Quelle: IWF World Economic Outlook Database 2012

---

[165] Republic of Afghanistan, Bangladesh, Bhutan, Brunei Darussalam, Cambodia, China, Fiji, India, Indonesia, Kiribati, Lao People's Democratic Republic, Malaysia, Maldives, Myanmar, Nepal, Pakistan, Papua New Guinea, Philippines, Samoa, Solomon Islands, Sri Lanka, Thailand, Democratic Republic of Timor-Leste, Tonga, Tuvalu, Vanuatu, and Vietnam

Abbildung 11: Veränderung öffentlicher bzw. privater Finanzanlagen in den USA, die von Ausländern gehalten werden

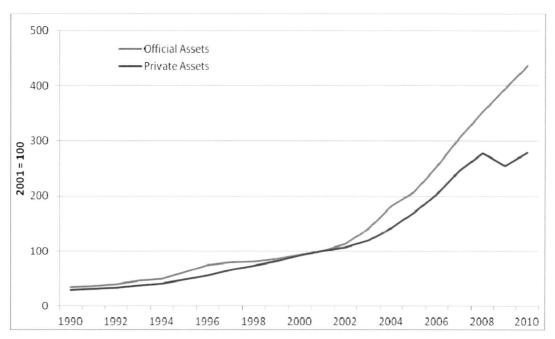

Eigene Darstellung / Quelle: Bureau of Economic Analysis/ International Investment Statistic

Abbildung 12: Einkommenssaldo der US-Volkswirtschaft aus Anlageerträgen im Ausland und Zinsaufwand im Inland

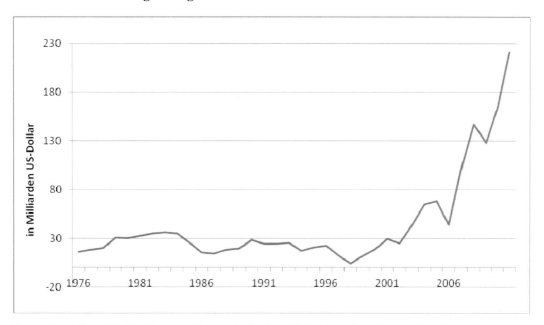

Eigene Darstellung/ Quelle: Bureau of Economic Analysis, U.S. International Transactions Data

Abbildung 12a: Nettoinvestitionsposition[166] der USA

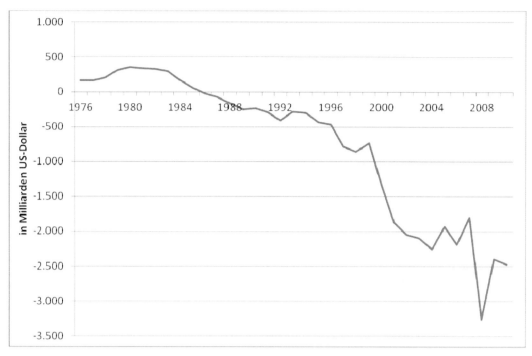

Eigene Darstellung / Quelle: Bureau of Economic Analysis/ International Investment Statistic

Abbildung 13: Zinsentwicklung USA

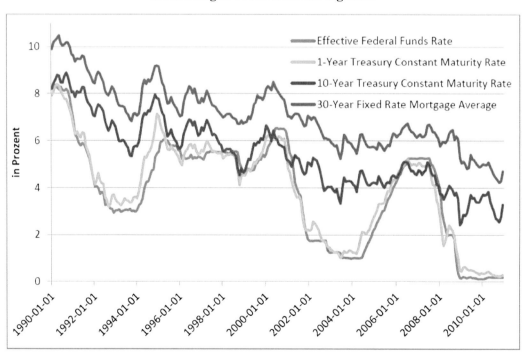

Eigene Darstellung / Quelle: Board of Governors of the FED

---

[166] = Im Ausland gehalten Anlagen der USA – Von Ausländern gehaltene Anlagen in den USA

Abbildung 14: S&P 500 Index

Eigene Darstellung / Quelle: Standard & Poor´s

Abbildung 15: Wohninvestitionen, sowie Hauspreis- und Kreditentwicklung in den USA

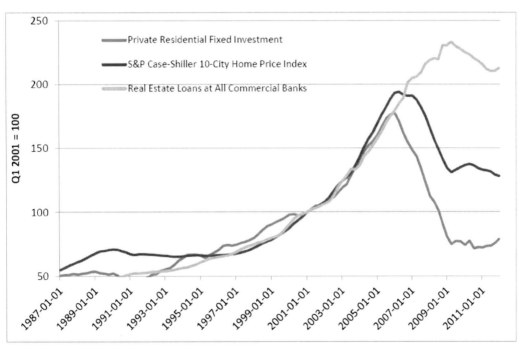

Eigene Darstellung / Quelle: Board of Governors of the FED; Standard and Poor´s

Abbildung 16: Von Ausländern gehaltene Anlagen in den USA

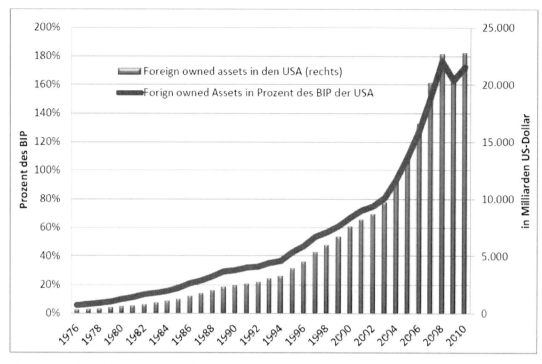

Eigene Darstellung / Quelle: Burau of Economic Analysis/ International Investment Statistic

Abbildung 17: Verhältnis von Schuldtitel zu Eigenkapital und FDI ausländischer Investoren in den USA (Debt / Stocks + FDI)

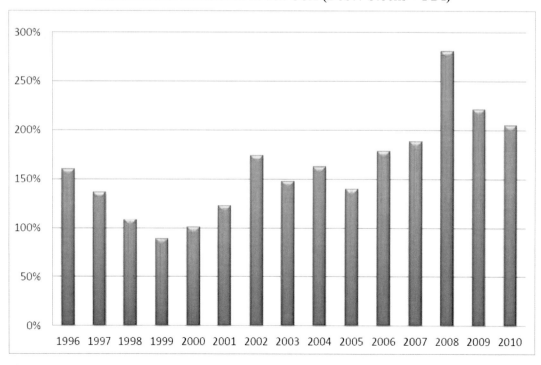

Eigene Darstellung / Quelle: Eigene Berechnungen, Bureau of Economic Analysis

Abbildung 18: Abschreibungsrate bzw. Anteil der im Zahlungsverzug stehenden Hypotheken privater Haushalte bei allen Geschäftsbanken der USA

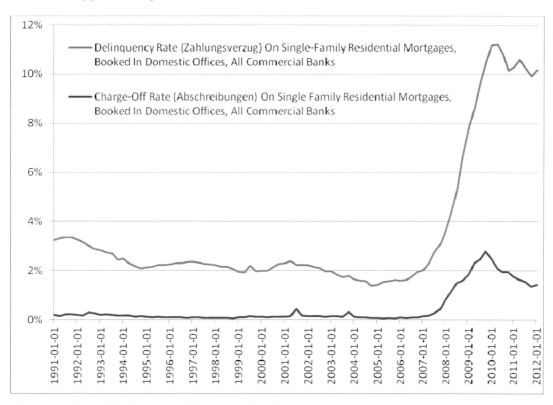

Eigene Darstellung / Quelle: Board of Governors of the FED